· 河北大学历史学强势特色学科学术出版基金资助
· 河北大学中西部高校提升综合实力工程项目资助

从海外看

China through the eyes
of an overseas Chinese

韩东屏 著

中国社会科学出版社

图书在版编目（CIP）数据

从海外看中国 / 韩东屏著 . —北京：中国社会科学出版社, 2019.9
ISBN 978 - 7 - 5203 - 4583 - 5

Ⅰ. ①从⋯ Ⅱ. ①韩⋯ Ⅲ. ①社会科学—文集 Ⅳ. ①C53

中国版本图书馆 CIP 数据核字（2019）第 111302 号

出 版 人	赵剑英
责任编辑	宋燕鹏
责任校对	夏慧萍
责任印制	李寡寡

出　　版	中国社会科学出版社
社　　址	北京鼓楼西大街甲 158 号
邮　　编	100720
网　　址	http：//www.csspw.cn
发 行 部	010 - 84083685
门 市 部	010 - 84029450
经　　销	新华书店及其他书店

印　　刷	北京明恒达印务有限公司
装　　订	廊坊市广阳区广增装订厂
版　　次	2019 年 9 月第 1 版
印　　次	2019 年 9 月第 1 次印刷

开　　本	710×1000　1/16
印　　张	10.75
插　　页	2
字　　数	125 千字
定　　价	56.00 元

凡购买中国社会科学出版社图书，如有质量问题请与本社营销中心联系调换
电话：010 - 84083683
版权所有　侵权必究

《河北大学世界史研究丛书》出版说明

全球化的日趋深入，为我国学习、借鉴国际先进的管理方法和技术、引进国际资本和智力提供了广泛渠道，从而有力地促进了社会经济快速发展，中国的国际地位随之快速提升。同时，在中外日益频繁的友好交流、积极合作过程中，中国与其他国家和区域组织的贸易摩擦、领土争端、文化冲突、意识形态对抗也时有发生。现实与历史有着千丝万缕的联系。通过学习和研究世界历史，可以探寻解决问题的智慧。也正基于此，2011年国务院学位委员会将世界史提升为一级学科，以期通过此举促进世界史学科的发展，为社会培养急需的人才。

河北大学历史学科底蕴深厚，名家云集，具有悠久的世界史研究传统。方豪、齐思和、周庆基、乔明顺、葛鼎华等史学专家都曾在河北大学从事过世界史教学与科研工作。近年来，世界史学科引进了一批有潜力的中青年教师，壮大了师资队伍，逐渐形成了一支梯队结构合理、水平较高的教师队伍，陆续推出了一系列研究成果，并形成了拉美史、欧洲史、日本史、东南亚史等区域研究特色。

为将研究成果社会化，经过学院充分的酝酿与筹备，特推出河北大学《世界史研究丛书》。该丛书旨趣在于：纵向上贯通古今，洋为中用，承百代之流而会乎当今之变；横向上，汲取不同民族的智慧，探究各国现代化发展道路与发展方式，为中国社会的发展提供参照和借鉴。

河北大学历史学院

序　言

我出生在一个农民家庭。父母都没有上过学。像许多农家孩子一样，上学前我每天有干不完的活：放羊、挖野菜、捡柴火、拾煤渣、挑水、推磨、做饭、刷锅洗碗等。上学后，放了学也得干这些活。稍大一点时，就到生产队干活挣工分。几年下来，像大多数农村孩子一样，我学会了各种各样的农活。也像许多农村孩子一样，我从来没有什么远大理想，只是想当个好农民。别人说农村苦，但我觉得当农民很好，有很多自由。我一直觉得自己一生中最好的时光就是在农村度过的。当年搞集体经济，农民基本上是无忧无虑，不愁吃不愁穿，至少在我的山东老家是这样。我们从生产队分到各种各样的粮食，各种各样的水果、蔬菜，还有柴草。逢年过节，生产队里还分肉、分鱼。到年底，生产队根据每家工分多少还分红。从我高中毕业后，我们家每年都从生产队分到三百元以上的现金，日子过得很富足。

1977年恢复高考后，我带着试试看的想法参加了高考，没想到成了那年我们公社唯一一个考上大学的人。刚上大学时，跟班上那些城里来的教授子女、干部子女相比，我的水平差得太多。同学当中有人在大学进修过四年，有人教过十年英语。而我的英语知识也就是认识几个简单的单词而已。由于来自胶东地区，口音重，我一张口同学们就会笑。老师给我们几个农村来的同学额外辅导发音，还给我们指定水平高的同学当课外辅导。没想到就我这样一个曲阜师范学院外语系的蹩脚学生，成了我们大学建校后第一个考上本专业研究生的学生。

在河北大学读了三年英语系的研究生，毕业后我到了郑州大学外语系教书。教了三年翻译，我考取了新加坡政府奖学金，到新加坡国立大学教育学院学习一年，然后又考取美国佛蒙特大学的奖学金。在那里获得历史系硕士学位后，又到布朗戴斯大学政治系攻读了博士学位。在国外，我写了几篇短文，发表在纽约的华人报纸上，不知如何传到了国内。有关部门请我回国工作。但我在回答听众问题时，直来直去，请我回去的人认为我在国外更合适一些。于是我就又重新出国。

我拿到博士学位后，最初到美国的西伊利诺伊州立大学政治系教书。这是一所规模很大的大学，当时有两万七千多在校学生。我每个学期教三门课，多是必修课。大班授课，通常有一二百人。学生来听课不是因为喜欢这门课，而是不得已。他们愿意来就来，不愿意来就不来。我从来也不知道谁来了，谁没来。

小班只有三十来个人。这些都是政治系的学生。他们来听课都是因喜欢这门课才来的。课上起来就有意思多了。但是我无意中得罪了系主任，把工作给丢了。那时候，系主任和资深的同事每个学期都得来听一次课。然后给你提出建议，帮你成为好老师。他们的评语就放进新老师的教学档案里。有一次系主任来听我的课，时间是十二点到一点。系主任是个60多岁的老头，他在课堂上睡过去了。对这事我并没有太在意。下了课往回走的时候碰上系主任的老婆，也是我的同事。她问我今天的课讲得怎么样？我说课上得很好，但系主任睡过去了。我只是自我解嘲，当笑话一讲。但系主任的老婆告诉他后，他却生气了，因为他的做

序　言

法是失职的，这让他很丢面子。

后来，我邀请韩丁到我们学校演讲。他在美国大名鼎鼎，他关于中国土地改革的书《翻身》被译成十四种语言，售出七百多万册。美国大学关于中国政治的课，都用他的书做教材。韩丁演讲的时候批评了美国对中国的外交政策，结果让校长、院长很生气，中途就打断了韩丁的演讲。我当时没想到问题的严重性，不就是校长不喜欢韩丁的演讲嘛。但是系主任利用这件事，把我的位置给取消了。于是我就只好重新找工作。现在回过头来看，这是个坏事变好事的转折点。如果他们不取消我的工作，我可能就一辈子待在美国的中西部了。因为没有了工作，我不得不重新找容身之处，找到了我现在教书的地方——华伦威尔逊学院。这所大学位于美国东海岸的北卡罗来纳州西部，风景优美，气候宜人。更重要的是学校的教育哲学跟我个人的教育理念相吻合。在这里教书我可以畅所欲言。我的授课也很受学生欢迎。每年夏天我还可以带一些学生回中国访学。

我们学校的校园面积很大，占地七千二百多亩。学校拥有一个四十多亩的菜园和一个两千多亩的农场，场内养着猪、牛、羊、鸡，还种了很多粮食。学校给教职工提供取暖的木头，还有免费的牛奶。可以购买学校以传统有机的方式出产的牛肉、羊肉、猪肉和鸡蛋。我家有六亩地的院子，在自家的院子里，我可以种菜，种粮食，还可以从学校买回猪、羊、鸡，自己宰杀。就这样，我在美国实现了我的中国耕读理想。

当年准备到这所学校求职试讲的时候，我在西伊利诺伊州立大学的一位上海来的同事加朋友给我出主意说，千万不要说我业余时间会种菜、杀猪之类的事，这些都登不了大雅之堂。像他自己会弹钢琴，谈谈无伤大雅。我的那些农民爱好，最好不要让人知道。但是电话上人家问起我的业余爱好时，我忘了朋友的嘱咐，还是把自己的农民爱好说了出来。没想到对方知道我会杀猪、种菜，很是惊奇，居然问我能不能以后教他杀猪，本来朋友建议遮掩、隐瞒的东西，还帮了我的大忙。我说不清这些农民爱好究竟帮了我多大的忙，但我深信当年在农村的时候长辈所说的话，艺不压身，任何知识和技能说不定哪一天就能派上用场。

  收在这个集子里的东西，是我在美国读书、教书与研究的心得，大都跟中国有关系，是我身在异国对自己祖国的观察和反思。好多在美国和中国的一些期刊发表过，结集在这里，希望能对读到它的人有所启迪。

韩东屏

二零一六年一月于美国北卡爱什维尔

目　录

站在世界历史的高度看毛泽东 …………………………（1）

论反毛者的逻辑 …………………………………………（17）

1977年高考经历 …………………………………………（23）

户口制度与中国农村发展 ………………………………（32）

亲历：达赖喇嘛的多面性和西藏问题的复杂性 ………（58）

中、美国家在经济生活中的职能比较研究 ……………（71）

从一家中国餐馆打官司的经历看美国的司法制度 ……（87）

美国的农业与美国的社会危机 …………………………（103）

中情局

　　——美国全球霸权的双刃剑 …………………………（118）

关于中美关系未来的思考：历史视野中的中美全球战略

　　博弈 ……………………………………………………（124）

美国和西方的中国研究简介 ……………………………（138）

站在世界历史的高度看毛泽东

一　毛泽东是全世界被压迫人民的伟大领袖

1993年12月，为纪念毛泽东主席100周年诞辰，我应邀到纽约的汉特大学演讲，题目是"我心中的毛泽东：一个中国农民的儿子看毛泽东"。演讲结束后，纽约大学人类学系的一位教授，问我怎样解释毛泽东搞的个人崇拜。我回答说，历经苦难与压迫的中国人民对毛泽东的爱戴和崇拜，完全是出于他们对领导自己翻身解放的伟大领袖的由衷敬仰。说毛泽东搞个人崇拜，是一种无端的污蔑。美国人崇拜他们的开国领袖华盛顿，小学课本里有少年华盛顿的斧头和樱桃树的故事，说华盛顿用父亲给他的小斧头，砍掉了父亲心爱的、当地稀有的一棵樱桃树，父亲追问他的时候，他诚实地承认了自己犯的过错，受到了父亲的原谅和赞扬。这样一件孩提时的平常事，被拿来宣扬领袖的品质，这是为什么？华盛顿是美国独立战争时期的陆军总司令，但他曾两次威胁说，如果不及时给他发军饷，他将罢战回家。其实，美国独立战争的胜利，主要是富兰克林通过外交斡旋，使法军卷入英、美之间的战争，英军获胜无望，才被迫让美国独立的。而美国人将这一切都归功于华盛顿，这叫什么？美国人还崇拜林肯，把他看作是解放黑奴的总统，但林肯没有给美国黑人可以安身立命的土地，只是给了他们名义上的自由。林肯在一封信中说，养猪有不同的方法。一种方法是给猪盖猪舍，提供食物，另一种方法是让猪自己找食物，如果猪冻死，饿死，正好烤着吃。信中暗喻的对象是谁？体现了对黑人最起码的尊重了吗？美国黑人被"解放"后，仍旧流离失所，逃不脱被奴役的命运。林肯真正值得受美国人（尤其是美国黑人）崇拜吗？美国人崇拜肯尼迪，但肯尼迪为美国人民做了什么呢？他的一句话：同胞们不要问国家能为你做什么，而是你能为你们的国家做些什么，就让美国人对他崇拜不已！如果说个人崇拜，美国才是淋漓尽致、登峰造极。

1988年，我去新加坡国立大学学习。当时国内学术界的知识精英们正在搞一场丑化毛泽东的运动。他们骂毛泽东搞个人崇拜，骂毛泽东是秦始皇。许多新加坡的老华侨对此很反感，他们对毛泽东创立的新中国非常热爱。冷战时期的新加坡政府是美国反共政策的急先锋，数次欲关闭中国银行新加坡分行，但每次都没能得逞。新加坡的老华侨为了支持新中国，排队到中国银行去存款。他们没有多少钱，三元、五元，连续数日，银行不得不加班加点营业。新加坡政府看到新中国是人心所向，不得不收回关闭中国银行的成命。一位新加坡中国银行的高级官员不无感慨地对我说，是新加坡老百姓对毛泽东领导的新中国的挚爱和支持，才保住了新中行。

1976年9月9日，毛泽东主席去世。当时新加坡政府跟中国没有外交关系。新加坡中国银行的职员，为了让新加坡人和路过新加坡的各国海员有一个向毛泽东主席致哀的场所，自发地在新中行营业大厅搭建了一个灵堂，原计划开放三天。但热爱毛泽东主席的新加坡老华侨和路过新加坡的各国海员成群结队、络绎不绝地来到新中行，向毛泽东主席遗像致哀，三天时间根本不够。新中行的员工不得不二十四小时开放毛泽东主席的灵堂，并将开放时间延长至十天。许多白发苍苍的老华侨哭倒在毛泽东主席的灵前，无数来自世界各地的海员，打着用各种语言写的，意思为"毛泽东主席是全世界被压迫民族的伟大领袖"的横幅，到新中行临时搭建的毛主席灵堂，向其遗像致哀。新加坡中国银行前副总经理蔡剑秋先生手里仍保留着几百幅当年拍下的照片。那时，他只是新加坡中国银行的一名低级员工。在海外看到这些珍贵的历史照片，让我深深地感到，那些谩骂毛泽东搞个人崇拜的人实在是无知与肤浅。毛泽东一生的奋斗和他所制定的各项政策，从根本上讲，代表的是被压迫民族和人民的利益，他得到中国和全世界受压迫人民的热爱与崇拜，是理所当然的事情。

那些说毛泽东搞个人崇拜的人，自己又何尝不想让人民崇拜？只是自己制定的政策，自己的所作所为不得人心，无法让自己得到人民的崇拜。如果说毛泽东生前，人民热爱崇敬他，可能跟政府的宣传有关系，或许还可以说得过去。但毛泽东去世后，全世界的统治阶级及其精英，动用了他们所掌握的舆论机器，使用各种各样的卑鄙手段大肆诋毁毛泽东的形象。在这样的社会大气候下，再把受压迫者对毛泽东由衷的、执着的爱，说成是毛泽东搞的个人崇拜，就不合逻辑、荒谬绝伦了。

本人在美国参与了揭露蓝登公司出版的《毛泽东私人医生回忆录》一书之内幕的活动，了解到许多美国政客为诋毁毛泽东主席所做的无耻勾当。蓝登公司出资五十万美元，买下了李志绥的版权，然后又重新组织写作班子，炮制出一部漏洞百出的破烂货。李志绥用中文写的书，结果封皮上居然出现中文翻译的名字。哥伦比亚大学政治系教授黎安友，参与了李志绥回忆录的炮制，并亲自为"李志绥的书"作序。毛泽东去世后以中、英文出版的诋毁毛泽东的书不计其数。湖南人梁恒与其美国妻子夏竹丽

（Judith Shapiro）合著的《革命之子》、高原出版的《自来红》、张戎的《野天鹅》等，都把毛泽东时代说得一团漆黑，但这些都像狂犬吠日一样，丝毫无损毛泽东在全世界被压迫人民心中的红太阳形象。

20世纪90年代，正当精英们大肆诋毁毛泽东的时候，民间却盛行着毛泽东热。美国《纽约时报》多次发文讨论这种现象。正是在这个背景之下，美国一个叫李非根的学者要求采访我，说要拍一部关于毛泽东热的电影。李非根看上去还像一个比较客观的学者，曾在他的书中引用我书中的话语、观点十几次，我便答应了他的请求。到采访那天，他先付给了我一美元，然后递给我一份合同，上面写着，为了这一美元，我同意接受李非根的采访。为了这一美元，我同意李非根编辑我的话语，断章取义我的话语，歪曲我的话语，糟蹋我的话语，我理所当然地拒绝签署这样的合同。但李非根说这不是他的发明，美国的许多出版社、电视台都用类似的合同来保护自己。同时，他又拿出几份别人已经签过的同样的合同让我看。我想既然这是惯例，也就把合同签了。他采访了我两个小时，但后来电影发行时，简直让我看不下去。[①]由此可见，歪曲事实、断章取义、改头换面，是美国一些不良出版商的惯常做法。

二 毛泽东改变了人类历史的发展轨迹

毛泽东所处的时代，中国面临被西方列强瓜分的危险，中国人民被奴役、被欺凌。毛泽东以"救民于水火，解民于倒悬"为己任，与他的同志们艰苦奋斗28年，于1949年，建立了人民当

---

① Lee Feigon, *The Passion of the Mao*, March, 2006, U.S.A.

家做主的人民共和国，把西方势力彻底赶出中国。为了维护国家主权，毛泽东力排众议，毅然出兵朝鲜，把逼近中国边境的以美军为首的所谓联合国军，赶回"三八线"以南。毛泽东以战止战，彻底结束了列强在中国领土上为所欲为、杀戮抢劫的历史。

毛泽东创建和领导的中国军队在朝鲜战场上的胜利，改变了世界历史的轨迹，成为人类历史上的一个重要转折点，大大鼓舞、支持了被压迫、被剥削的第三世界国家的民众。于是，反对帝国主义、反对殖民主义的主旋律风靡20世纪50、60和70年代，在此期间，大批前殖民地国家获得独立。同时，以美国为首的西方列强，也开始走下坡路。法国殖民统治者被越南人民赶出印度支那，被驱逐出阿尔及利亚。英国被迫放弃其殖民地王国地位，美国继在朝鲜失败以后，又在越南惨败。美帝国主义陷入一个毛泽东主席给他们圈定的尴尬境地：捣乱，失败，再捣乱，再失败。世界历史的发展轨迹被彻底改变。

2000年，美国《生活》杂志聘请24位世界著名学者，挑选在一千年中对世界历史产生巨大影响的一百位历史人物和一百件重大事件，毛泽东主席就是其中的一位，毛泽东主席领导的长征也被选为一千年中的大事件之一。

我在美国的一个女学生，毕业后到中国教英文多年，爱上了中国文化和一个中国男人，并与之结婚生子。2013年夏天，我到她教书的地方呼和浩特市去看她。她告诉我，她不能明白为什么她，一个美国人，都能看到毛泽东领导的中国军队在朝鲜打败美国和美国领导的所谓联合国军是世界历史的一个重要转折点，而她的中国同事和学生却看不到。其实，大多数中国人当年看到了，特别是那些从旧社会过来的中国人都看到了毛泽东创立的新中国与被列强欺凌的旧中国的不同。中国人民志愿军在朝鲜战场上的胜利，极大地激发了中国人民的民族自尊心和自信心，也极大地鼓舞了许多海外华人。当年，钱学森等老一代科学家毅然放弃海外的优越生活条件，回国参加祖国的社会主义建设，跟中国人民志愿军在朝鲜战场上的胜利以及由此而形成的社会大气候是有很大关系的。20世纪50年代兴起的反对殖民主义的民族解放运动，也是跟中国在朝鲜的胜利分不开的。今天，许多中国人看不到这一点，是因为他们被领取美国政府津贴的"中国精英公知"蒙蔽了，甚至洗脑了。

三　毛泽东开创了人类历史上最民主的时代

毛泽东主席去世后，中国许多不良文人说毛泽东时代不民主，因为没有所谓的普选，所以不是真正意义上的民主。到美国来以前，我也曾认同过这种说法。在美国生活二十多年后，研究了美国和西方的政治制度，我才明白毛泽东主席实行的从工人、农民、解放军中选拔干部的做法，才是真正的民主。美国纽约大学政治系教授波特尔·奥尔曼（Bertell Ollman）看了我介绍"文化大革命"中革命委员会的老、中、青和工、农、兵三结合的人员组成后评论说，让真正的工人、农民、军人组成政府，并直接管理国家，这才是货真价实的民主（democracy in spade），因为由工人、农民和军人组成的政府，是能够真正代表广大工、农、兵以及其他基层民众利益的，因为他们本身就是工人、农民和士兵。美国和西方的所谓民主选举，选出来的大多是钱多势大的人，真正出身工、农的政客是凤毛麟角。在美国和西方参加选举需要大量金钱，没有金钱开路，真正的工、农要进入政界十分艰难。所以，西方的所谓选举，基本上是精英阶层的一场游戏。美国虽分共和党和民主党，互相有所牵制，但在维护精英阶级的利益上，他们总是一致的。2000年和2004年的美国大选中，美国民主党候选人奥尔高和约翰凯利明知共和党作弊，也不愿与共和党苦争，以便不把船弄翻，因为只要船不翻，双方可以继续高高在上，过精英生活。这边的损失，可以在那边得到补偿。

正是因为美国的政治是由精英阶级把持着的，作为世界上最富有国家之一的美国，竟有七分之一的人（约4500万人）在饿肚子，没有医疗保险。在许多人眼里，美国是民主自由的典范，但只占世界人口5%的美国，却关押着占世界25%的监狱人口。每9个年轻美国黑人就有一个在监狱服刑。70%的美国黑人一生中至少坐过一次监狱。在美国的纽约州，每年有60多万美国人，大部分是黑人和其他少数族裔的人，被警察拦住并搜身，其中有近20%的人因为不配合，被以拒捕的名义逮捕。一个人仅仅因为自己的肤色，就被警察叫停搜身，还得配合警察，如不配合，就要被逮捕，这是多么荒唐的民主制度！但美国所谓的自由媒体从来就不讨论这个问题。[①]这真是世界之大，无奇不有。除此之外，美国的各地拘留所里，每年还关着一千万等待审判的罪犯，许多只是犯了小罪，但交不起保释金的穷人。

在毛泽东时代，许多工人、农民进入了各级政府和人民代表大会。50年代新中国成立伊始，倪志福、郝建秀、时传祥等一批工人进入各级人民代表大会。"文化大革命"中，工、农、兵更成了各级人民政府的主流。农民出身的陈永贵进入中央政治局，成为国务院主管农业的副总理。陈永贵书读的不多，但他有丰富的农业知识，了解农村、了解农民，是领导农业的好人选。只有

---

① Noam Chomsky, *The U. S. Behaves Nothing Like a Democracy, But You'll Never Hear about it in Our "Free Press"*, Alternet, August 15, 2013.

在毛泽东时代，陈永贵这样的农民人才，才能脱颖而出。中国的农业、农村和农民，正是在毛泽东时代，在陈永贵主持农业的时候，彻底改变了面貌。农业集体化和农业学大寨运动，从根本上改变了中国农村，改善了中国的农业基础设施，使中国的农村水利条件发生了天翻地覆的变化，中国的粮食产量上了好几个台阶，解决了全中国人民的吃饭问题。这也是为什么毛泽东时代中国的人均寿命能从1952年的35岁增加到1976年的69岁，超出条件跟中国差不多的印度20岁，在不到30年的时间内几乎翻了一番的原因之一。

毛泽东时代选拔工、农、兵干部，让真正的工人、农民和军人直接参加国家管理，开创了人类历史上一个全新的民主政治制度。与西方的精英民主相比，这个政治制度能更广泛地代表人民的意愿，更能被广大人民群众接受，更能调动广大人民群众的政治积极性。20世纪六七十年代，成千上万的中国人民，包括边远地区的农民，积极参加了毛泽东主席发动和领导的政治运动，他们以各种形式批评帮助各级政府工作人员改进他们的工作作风。广大人民群众的参与使得中国的民主制度有了最广泛的群众基础，中国的政治制度有了最广泛的民意基础。毛泽东时代的干部、知识分子参加劳动的制度，是世界上最有政治创意的民主制度，是毛泽东时代中国政治清廉最重要的原因之一。

美国是许多中国公共知识分子赞许的民主国家，但是，美国大选时，勉强只有一半的人参加投票，大部分美国穷人对选举无动于衷。地方选举投票的人更是少得可怜，我所在的城市选举市长和市议会以及其他政府机构的官员时，投票的比例只有10%多一点。而政府为筹划选举花了很多钱，平均在一张选票上耗费一百多美元。当地的报纸采访我，问我这样的选举值不值得。我只好说值得，因为没有更好的办法选出政府领导人。

毛泽东时代先进的民主制度也充分调动了广大人民群众的生产积极性，在一穷二白的基础上，建成了独立自主的工业、农业和国防工业体系，独立自主地造出了原子弹、氢弹和导弹，并且让卫星上天，核潜艇下水，造出了自己的大飞机"运十"（后来因故被迫下马），这些方面大大领先跟我们条件差不多的印度。中国许多反毛的知识精英，说毛泽东主席不懂经济。从人类历史的高度来看，没有人能跟毛泽东主席相比，在经济上取得那样丰硕的成果：让人人有事干、有饭吃，让人人上得起学、看得起病、住得起房，让社会上没有娼妓、没有毒品，把犯罪率降到最低，把贪污腐败降到最低。让中国的人均寿命在短短30年翻了近一番，领先同样条件的印度近20年。美国等西方国家的人均国民收入看上去很高，但他们从来没有解决困扰贫民的无家可归的问题、失业问题、毒品泛滥的问题、娼妓的问题和穷人看不起病的问题。从历史的高度上看，毛泽东的政治经济学、毛泽东管理国家和经济的能力，是前无古人，后也罕有来者的。

因为我们先进的民主制度，毛泽东时代的中国在国际上一直占有道义制高点。毛泽东时代的中国敢于理直气壮地支持亚、非、拉人民的民族独立运动，大张旗鼓地支持美国黑人争取平等权利的正义斗争。在全世界被压迫人民的眼里，毛泽东时代的中国，代表着正义、民主、平等和人权。那个时代的中国，消灭了娼妓、消灭了毒品、消灭了性病，基本上消灭了贪污腐败，犯罪率被降到最低，实现了免费教育和全民医保，人人有事做，人人有饭吃，消灭了无家可归现象。在全世界都面临着日益严重的"三农"问题时，中国的农村欣欣向荣，粮食产量逐年增长，农、林、牧、副、渔五业兴旺，全面发展，农民的收入不断增加，农民的生活不断改善。那时的中国农村充满了希望。什么是盛世？那才是真正的盛世，人类历史上少有的盛世。

在全世界各国、各地区都面临着严重"三农"危机，大量农村人口外流的今天，回顾毛泽东时代的中国农村通过让农民自己管理自己所取得的伟大成就，不能不让人感慨万千，追思当年真正民主的强大力量。

四　毛泽东创立了一只崭新的人民军队

在国外常常听到美国大兵在日本、在韩国、在所有有美国驻军的地方强奸妇女以及其他伤害民众的事。想到1949年以前的中国，兵匪一家、祸害老百姓的历史，就不能不感谢毛泽东主席为中国人民缔造的人民子弟兵。毛泽东创建和领导的中国人民解放军是人类历史上从没有过的新型军队，是人民眼里的正义之师、仁义之师。恰如毛主席在《为人民服务》中所说，"……是革命的队伍……完全是为着解放人民的，是彻底地为人民的利益工作的"。正因为这样，毛泽东领导的人民解放军形成了与人民群众的鱼水关系。在战争年代，人民群众给解放军送情报、带路、送军粮、做衣服和鞋袜，还有的群众冒着生命危险掩护子弟兵，有的人为此牺牲了自己的生命。毛泽东领导的中国人民解放军能以少胜多，打败装备比自己优越、人数比自己众多的敌人，并获得最后胜利，靠的就是全心全意为人民服务的政治理想以及与人民群众的鱼水关系。

毛泽东领导的中国人民解放军是爱民的模范，其中涌现了一大批雷锋式的典型人物。雷锋的英雄事迹，影响了几代中国人。人民军队中，还有欧阳海、安业民、麦贤德、王杰、刘英俊、门合等可歌可泣的英雄，感动和激励了全国人民。毛泽东主席号召全国学习解放军，因此，大量的平民英雄人物从各行各业不断产生，使毛泽东时代成为一个英雄辈出的时代。每当发生重大自然灾害，人民解放军总是抗灾救灾的主力军，哪里有苦难，哪里有危险，哪里就有人民子弟兵，这已经是从毛泽东时代过来的中国人民的共识与慰藉。

2005年8月，台风克瑞那袭击美国的路易斯安那州，新奥尔良市被淹。美国总统小布什非常罕见地派出美国军队去救灾。美国陆军开着装甲车、坦克，全副武装地开进新奥尔良市去执行任务。可是，他们能做的只是维护地方治安秩序，防止断水、断粮的灾民骚乱或抢劫。美国军队从根本上讲就是训练有素的杀人机器，不知道如何做政治工作，不知道怎样做群众工作，不知道什么叫抗灾救灾，他们就是单一的战斗队。而毛泽东缔造的人民解放军既是战斗队，又是工作队，既能打仗，又能生产，还能做政治工作和群众工作，是世界上独一无二的，由人民子弟组成，真正为人民服务的军队。

五 毛泽东的教育思想前无古人

2013年夏，我带领一组美国大学生到中国游学。在山东省聊城大学，中国的大学生和美国的大学生交流各自的学习生活经历和人生理想。当美国大学生告诉他们的中国同学，他们除了上课外，每天平均要干3个小时的工作，还要做够100个小时的义工才能毕业的时候，中国学生听了感到很意外。我任教的大学是美国国会支持的七所工读大学之一，学生每周要工作15个小时，学校里的120多种不同的工作都是由学生来完成的，由专门的员工教学生工作。学生毕业的时候，他们在学校的工作经验，被统计在他们的学历里。不管你什么家庭背景，你只要选择去我们的学校，就必须参加学校的工作。《纽约时报》曾在头版介绍我们学校一个一年级学生，寒假回家后的第一件事就是给他们家的保姆做了一个蛋糕，感谢她多年给他们家打扫卫生。这个以前在家里养尊处优的学生，到了我们学校的第一件工作就是做清洁工，包括打扫厕所。正是这份工作让她意识到普通劳动者的艰辛及其重要性。其实，美国的大学生很少有不工作的。我在美国其他大学教书的时候，几乎所有的学生都有兼职，有的甚至身兼数职，每周工作 30 多个小时。美国的学生高中时就开始利用周末和假期打工，一方面给自己赚些零用钱，同时也积累一点人生阅历，写在自己的履历上，证明自己的阅历丰富。在美国，光有读书经历，而没有工作经历的人，是很难找到工作的。

而现在中国的学生从小学开始，就得天天应付考试。家长为了让孩子在学校考好分数，不让孩子做家务，以便让孩子全心全意地念书。真正是"两耳不闻窗外事，一心只读'圣贤书'"，让许多中国年轻人成了名副其实的书呆子。尽管分数与一个人的真正能力没有直接的关系，甚至与一个人真正智力也没有必然联系，它却被用来决定一个人进什么学校，能否进学校这样的大事。而且学生的分数也被用来衡量老师的好坏和学校的优劣。为了学校的名次和老师的奖金，学校加班加点给学生补习，往往连周末都不放过。为了让自己的孩子进好学校，家长还额外给孩子找补习老师，寒、暑假还要送孩子进补习学校。完全不给孩子玩耍和思考的时间。而孩子在学校翻来覆去所学的就是课本上那点东西，比起像海洋一样广阔无涯的社会科学知识和自然科学知识，课堂上学的那一点连沧海一粟都算不上。

2012 年夏天，我家乡的一所学校请我去给老师和家长上一次课。我对家长和老师们说，教育要符合孩子的天性。孩子需要时间玩，需要跟其他小朋友一起交际互动，需要时间去看各种各样的课外书。我说，如果家长真想孩子成才，就应该鼓励孩子去玩，去与其他小朋友娱乐嬉戏，让他们在玩乐中学习动脑子。家长还应该鼓励孩子做家务，让孩子在家务劳动中学会承担责任，培养观察问题、发现问题、分析和解决问题的能力。在座的家长和老师从理论上都能接受我的观点，但他们无法抗拒社会的大气候，他们不敢拿孩子的前途做赌注。其实，这正是目前我们中国教育的悲哀。明明知道死记硬背、以分数决定优劣的教育制度有问题，却没有能力来改变这种误国误民的教育制度。

在与聊城大学的学生交流时，他们让我谈谈个人对中、美教育的对比。当我告诉中国学生，美国和西方注重实践的教育模式，是从中国学去的时候，他们大为吃惊。我告诉他们，20世纪六七十年代，我在上小学和中学的时候，就几乎没有考试，而且学校里有校办工厂、校办农场，学生除了在课堂上听课外，有很多动手的机会，每星期有两天到生产队劳动，寒、暑假几乎全部到生产队务工，学到了很多在课堂上学不到的东西。高中毕业的时候，除了课堂上学的书本知识之外，我知道如何种菜，如何培植各种各样的庄稼，知道怎样干各种各样的农活、家务活，甚至知道如何育种、怎样开车床、怎样翻砂铸模。这些都是毛泽东主席倡导的教育路线赋予我的能力。毛泽东时代的高中毕业生，个个都有丰富的社会实践经验。毛泽东主席去世后，我们国家把当年实行的许多好的教育模式都否定了，重新又回到了近似于科举制度的，以考试为中心的旧的一套教育模式。人们提起新中国成立后三十年的教育就说是耽误了学业，好像只有在课堂上死记硬背学到的那点东西才是学业，而真正能派上用场的动手能力反而不重要了。

就在中国把毛泽东主席倡导的"不重分数，重社会实践，重动手能力"的教育理念和实践当洗脚水泼掉时，美国和西方却把这种创新的教育理论和实践引进到它们的教育制度中去了。被西方学去的，还有中国当时的工人和农民管理学校的制度。现在，在美国制定教育政策的不是教育工作者，而是社区选出的非专业人员，类似我们当时的工人和农民代表参与管理学校。

就连我们当时实行的"学雷锋做好人好事"的活动也被美国和西方借鉴了去，演变成美国和西方的服务型学习（service-learning），让学生在做义务劳动，为社区服务中学习，在西方已经成为一种时尚。我任教的华伦威尔逊学院，设有服务学习处（Service-learning Department），专门负责给学生安排到社区做义工的机会，为他们出去做义工提供方便，并记录他们所做的各种各样的义工项目。学校还要求教授们尽可能在他们的课程里加进"service-learning"的成分，让学生有机会走出课堂，去了解社会，去帮助社区解决他们的困难，让学生在这个过程中学到他们在课堂上学不到的东西。我现在教的一门环保课，其中就有一个社区服务项目：学生们组成五六个人的小组，就近找一个社区，了解这里的情况，设计出一个对该社区的环境保护有益的项目，然后拿出一个星期的时间，去完成这个项目。学生还要在班上与其他小组交流他们在这个活动中学到了什么。

毛泽东主席去世后，我们中国完全放弃了新中国成立后开始的各种教育改革，如校办工厂、校办农场的做法和选拔有实践经验的工人、农民和士兵进大学学习的做法。许多这种出身的教师被赶出实验室，被赶下讲台，他们当中的很多人后来到了美国。我刚来的时候发现美国每年选出的20位总统奖学金的获得者中，总有四五位华人，其中就有两三个当年的工农兵大学生。这些在国内无用武之地的人，到了美国成了最优秀的人才。为此，我曾写过一篇短文，讲当年的工农兵大学生作为一个整体是中国历史上最优秀的，因为他们了解中国、了解社会，经历过社会实践的磨炼，同时具有吃苦耐劳、愿意到基层、到艰苦的地方去工作等优秀品质。

前些日子，有报道称每年有近20万中国学子到美国留学，其中超过70%的人没法适应美国的学校。我不知道这篇报道的学者根据什么得出这样的结论，他做了什么样的调查和统计。但从我对在我们学校的中国学生小范围的观察，他的结论我是认同的。来美国读本科的中国学生输在了他们的动手能力太差上，而他们在国内课堂上死记硬背的那点东西参加本国的高考是必不可少的，来美国之后则没有多大用处。到处都用得上的生活技能和社交技能他们没有，好多人还缺乏责任心，有的甚至玩电子游戏上瘾。

我国领导人这些年一直在提倡创新发展。如果我们不从根本上改革我们的教育制度，如果我们不从根本上改变我们的考试制度，一味地强调分数，把学生死死地困在课堂上、书本中，不让他们及早地接触社会、了解社会、体验社会，而只是把他们关在教室里去背那些没有多少实用价值的东西，我们的下一代永远不会有创造力。我们就只好跟在别人的后边去追赶，永远不会领导世界潮流。如果我们真想改革我们的教育制度，我们还是应该到我们民族最伟大的思想家毛泽东主席那里吸取经验。我们应该公平合理地评价新中国成立后三十年好的教育理论和实践。美国和西方都愿意不动声色地学些毛泽东的教育思想，我们，作为毛泽东的后人，有什么理由拒不继承毛泽东思想中那些宝贵的精神遗产呢？！

结束语

毛泽东主席不是圣人，不是完人，但他引领中华民族走出了被西方列强欺负凌辱的悲惨境况。他和无数革命前辈的奋斗不但解放了中国人民，也鼓舞了世界上所有被压迫人民去争取自己的解放。毛泽东同志在革命斗争中积累的智慧和经验，是中华民族最宝贵的精神财富。作为毛泽东的后人，我们有责任将毛泽东主席的思想发扬光大，让它引领我们走向新的胜利、新的辉煌。

（本文是作者2013年在湘潭大学举办的纪念毛主席诞辰一百二十周年的国际学术研讨会上的专题发言）

论反毛者的逻辑

关心中国历史和命运的人，无不想更多地知道毛泽东这个改变了中国历史进程人物的为人。李志绥自称随侍毛泽东达二十二年之久，受过洋教育，又"有国际经验"，他照理说对毛泽东应该有"独到"的观察和看法。可是，细翻《毛泽东私人医生回忆录》全书，发现只不过是市井中流传的一些谣传之再加工而已。除了手法更卑劣一点外，他并没有什么新的货色。稍有良知的中国人，失望之余，难免感到气愤。更令人气愤的是，这样一本乌七八糟的书，竟被一些人当作救命稻草，大肆吹捧，以为这下可以打倒毛泽东了，可以成就他们努力多年而未竟的事业了。其实，他们以前用谣言没能达到的目的，现在也无法达到，李志绥的新谣言并帮不了他们的大忙。如果毛泽东死后有知，他会为被这些人骂大感光荣。他们骂得越凶，越证明毛泽东之伟大。他们骂得越恶毒，越证明毛泽东的威力之无穷——死后十几年仍让他们耿耿于怀，仍能触到他们的痛处。

世界上没有无缘无故的恨，当然也没有无缘无故的爱。想想看，毛泽东不屈不挠，无私地为中国人民的解放事业奋斗一生，把一个任人宰割的半封建、半殖民地的中国，在短短几十年中建成一个常常使帝国主义分子害怕的强国。帝国主义分子及其帮凶再也不能在中国的土地上为所欲为了，为此，他们仇恨毛泽东完全是情理之中的事，他们若不恨毛泽东那才真正是怪事呢。尽管如此，我们仍有必要来看一下反毛者的荒唐逻辑。

反毛者的一个共同逻辑是美化中国人民受帝国主义分子欺侮的苦难史。含半生在《世界日报》上著文，说毛泽东"几十年倒行逆施"，恶狠狠地大叫"绝不放过毛泽东"（《世界日报》1995年4月2日，第S—3页），我们不禁要问含先生一句，怎样才算正行顺施呢？是不是让帝国主义分子在中国继续横行下去，让帝国主义的走狗帮凶在中国继续狐假虎威，剥削压迫自己的同胞才算正行顺施呢？

含文说，"毛泽东否定当代中国社会任何个人的价值（除了他自己），何止是否定，而是用革命方式全盘地彻底摧毁。"（《世界日报》1995年4月2日，第S—3页）含先生的言外之意是，毛泽东前的中国人倒是很有个人价值了。不知含先生是无知呢，还是故意胡说八道？但愿含先生只是无知而已，还没到故意胡说八道的地步。那么，我们就有义务给含先生一类的人提供一点简单的史实。20世纪30年代，不到三百万人口的上海，竟有妓女十万，不知那时的中国人的个人价值在何处？当日本侵略军攻破南京城，几天之内屠杀、奸淫几十万中国同胞，不知那时的中国人的个人价值又在何处？当东北、山东、河南等地的饥民，面容枯槁，面黄肌瘦，饿毙荒野，许多尚有良知的外国人都为之哀叹不止时，那时的中国人的个人价值又在何处？在整个民族被人称为"东亚病夫"，被与狗相提并论的时代，中国人的个人价值又在何处？如果这些简单明了的史实尚不能说服含先生之类的人，建议他们读一点美国人写的中国近现代史（比如：Edgar Snow, *Red Star over China*; Frederic Walkman, *Policing Shanghai 1927—1938*; Jonathan Spencer, "The Underground War for Shanghai", in *New York Times Review*, 4/2/1995, pp. 17-20)。

攻击毛泽东的人，都装出一副关心中国人个人价值的面孔，似乎他们攻击毛泽东是出乎民族大义。但仔细品味一下他们的文章和主张，就会发现他们并没有什么新货色，兜售的全是帝国主义分子唱惯了的"个人价值"老一套。帝国主义分子横行中国之时，中国人并不是不讲个人价值，可除了少数几个走狗和买办实现了其被当作走狗使唤的价值外，大多数中国人从没有实现他们的个人价值。问题很简单，一个贫弱的民族，若只一味地追求个人价值，不顾国家、民族的整体价值，就会被帝国主义分子各个击破。亡国之民是谈不上个人价值的，只有国家、民族富强了，其人民才能够平等地、天经地义地实现其个人价值。含半生和吾尔开希这些"好为民师"之辈，不会蠢到连这个简单道理都不懂的地步，随着帝国主义分子胡乱叫喊。解释只能有一个，他们心甘情愿做帝国主义者的走狗。颇有讽刺意味的是，所有这些反毛的、叫喊要实现个人价值的"英雄豪杰"们，今天之所以能够实现其骂毛泽东的"个人价值"，正是托了毛泽东的福、沾了毛泽东的光。是毛泽东领导中国人民艰苦奋斗几十年，创建了一个强大的人民共和国，使中国有了被骂的价值。若中国仍处在被列强任意宰割的年代，他们就是骂破喉咙，也未必有人会看他们一眼。

反毛者的另一个逻辑，则是发生在毛泽东时代的任何一件怪事，都得由毛泽东负责，都是毛泽东的过错。比方说，含文举出一个孙女参与批斗，致其资本家奶奶死亡的事，并把这件事怪罪到毛泽东头上。我们权且把这件毫无来龙去脉的事看作确有其事（我不愿想象含先生会卑劣到去任意捏造的地步）。这件事也未必就像含先生暗示的那样恐怖。一群十四五岁的女孩子，与一个曾经参与欺压穷苦工人的老太太争辩一个她们认为很重要的人生原则的大事。这件事本身并没有什么大不了的。为什么孙女不可以与奶奶争论一些问题呢？问题是老太太死了。她可能是年事已高，受不住冲击，心脏病发作了，也可能某一个女孩子失手误伤了老太太，也可能是这群女孩包括老太太的孙女，蓄意杀死老太太。各种可能都有，含文没有交代，我们无从知道。即使从最坏处去想这群女孩的行为，也没有理由把这个罪恶归咎到毛泽东头上。美国人口只有中国人口的五分之一，美国没有发生过中国那样惊天动地的大革命，而子女图财杀害父母，父母杀害亲生子女，夫妻互相残杀的事时有发生，人们见怪不怪。含先生不会寡闻到没听见过、没读到过这些事件吧？为何不见含先生兴师向美国总统问罪，或者向美国的社会制度问罪呢？为何却要大喊"绝不放过毛泽东"，一定要让毛泽东个人为发生在"文化大革命"中的一件怪异现象负责呢？这是否有失公允呢？也不知道含先生的"不放过毛泽东"是什么意思？含先生能把毛泽东怎样，能否让我们读者大众了解一下呢？

　　反毛者的另一个逻辑是从不提毛泽东时代的成就。一位小女孩参与批斗致其资本家奶奶死亡的活动，他们大肆渲染，而毛泽东时代出现的成千上万舍己救人的英雄，他们却置若罔闻。毛泽东时代的社会稳定、盗贼绝迹、夜不闭户、路不拾遗的好风尚，他们绝口不提。毛泽东时代中国在工业、农业科技和国防上取得的巨大成就，他们绝口不提。他们只讲中国落后世界先进水平几十年，而不讲中国人民在短短几十年间扭转一穷二白的局面，成为举足轻重的世界强国，连一贯欺侮我们的帝国主义分子也不得不对中国人民刮目相看。毛泽东时代的中国物价稳定，既无内债又无外债，他们却说中国的经济到了崩溃的边缘，以此欺骗人民。这就是他们所谓的"对人民施行的启蒙教育"。(含文,《世界日报》1995年4月2日,第S—3页)但谎言究竟不能永久掩盖事实。正如一位西方先哲所言,谎言能够蒙骗所有的人一段时间,也可能永远蒙骗一部分人,但谎言不能永远蒙骗所有的人。这就是反毛者苦心孤诣,惨淡经营,用尽各种卑劣无耻的手段来诋毁毛泽东,今天却有越来越多的中国人民更加怀念毛泽东的缘故。

吾尔开希在《世界日报》上著文,为中国人民怀念毛泽东的热潮妄下断语。他不明白中国人为什么怀念毛泽东,尤其使他不能明白的是,那些他认为是受过"文化大革命"下乡之苦的知青为何会怀念毛泽东和毛泽东时代。他和他的同类永远不会明白,中国人民怀念毛泽东是因为不愿像他们那样像狗一样靠"嗟来之食"活命。中国人民要活得顶天立地、要活得扬眉吐气,这是吾尔开希之类的"民主精英"所没法明白的。

一位"民主精英"在美国一所高等学府讲演,揶揄毛泽东1949年10月1日宣布中国人民站起来了的庄严声明说,"站起来有什么了不起。不站起来人家还不会踢你、还会给你钱",这就是民主精英的逻辑。按照他的逻辑,中国人民最好躺到地上,等候别人的施舍。我看这些民主精英们太小看中国人民了,中国人民不会那样没有骨气,也不会被"踢几脚"吓倒了。在我们还软弱的时候,就让他们踢几脚好了,没有什么大不了的。只要我们不丧失我们做人的骨气,就总有"踢"回来的时候。如果像"精英分子"所说的那样,我们只有永远"挨踢的份儿了"。顺便说一句,民主精英搞错了,躺到地上,并不能保证不被踢。中国人民没站起来的时候,并没少挨踢,而且人家"踢"得很开心。今天中国人民站起来了,帝国主义分子尽管有时仍想

"踢"我们，但已经不敢像以前那样肆无忌惮了。

　　反毛的那些民主精英们的另一个逻辑是，总把他们自己看得过于高明，把广大民众看作阿斗，需要他们施以"启蒙教育"。(含文，《世界日报》1995年4月2日) 他们骂中国人民无知愚昧，受毛泽东欺骗。其实这帮自以为民众之师的家伙，在广大人民群众面前显得多么猥琐与可笑。从吾尔开希在《世界日报》上的文章看，他似乎也知道"只认金钱不认爹娘，笑贫不笑娼"的资本主义价值观的罪恶，似乎也知道毛泽东时代那种"世间少有的美的单纯理想""那种为了理想甘愿奉献出自己生命"的时代之美好。(吾尔开希，《世界日报》1995年4月2日) 但他却仍蛮横地要求怀念毛泽东时代的中国人民去否定毛泽东，去否定那个时代的自己。这不是荒唐吗？吾尔开希先生，请告诉我们，我们为什么要否定自己呢？

（原载《亚美时报》1995年4月8日）

1977 年高考经历

1977 年的高考，改变了成千上万的像我一样的个人和家庭的命运，无疑也改变了整个中国的命运，甚至改变了世界历史发展的轨迹。

我小时候在村里顽劣有名。父母和两个尚未出嫁的姨妈为了改变我的调皮，在我七虚岁的时候，就给我买了一只小羊，让我跟着村里的其他几个较大的孩子放羊。放了一年羊后，父母设法让我进了小学一年级。那时的农村孩子并非想上学就可以上。我的玩伴当时都没有上学。我上了两天学，老师讲课我听不懂，而学校那些大我几岁的孩子，不是揪我耳朵，就是扯我头发。学校太没意思了，哪有跟自己的玩伴打盘、打"落"（音 lao）（那时候即墨农村小孩的一种游戏）、滚铁环等有趣？于是我就逃学了。早上吃了饭，我背着书包出了家门，不是上学，而是跟我几个哥们去玩那些有趣的游戏去了。几天后，我四姨见我背着书包在跟别的小孩玩，才让我父母发现了我逃学的秘密。母亲到学校去把学费要了回来，这件事也就过去了。

我再次上学的时候，就已经 9 虚岁了。农村的孩子那时都是这个年龄上学。我的同学大都是我的同龄人，学校有意思多了，没有人敢扯我耳朵了。那时候，学校每周上课五天，除星期天外，星期三和星期五的下午，学校不上课，以便学校的老师备课，也让农村的孩子有时间帮家里干活。我除了到地里挖野菜回家喂猪外，也跟着姐姐和母亲到生产队里干活，干些浇水、埋窝的轻活。放麦假和秋假的时候，生产队里组织孩子们捡麦子、捡玉米等。那时候农村孩子的生活丰富多彩得很。我们生产队安排了我一辈子也忘不了的王淑芳大姐做我们的辅导员。我们生产队各个年龄段的学生有三四十个，我们一起参加生产队的劳动，早上起来分成两个队跑接力赛，晚上就排练各种节目。大我几岁的王思河表演的山东快书、捉特务等节目，我至今记忆犹新，我跟王思泽、王思永、王希华等演过三句半等。那个时候，集体比家庭重要。我娘让我在家帮她看着晒在大桥上的麦子，我不去，给我一毛钱我也不去。我要跟其他孩子去生产队干活。有一年的秋假 42 天，我在生产队里干了 37 天活，除了下雨，天天都到生产队里去干活。干活挣工分是再自然不过的事情，到我高中毕业的时候，我学会了各种农活，我跟农村的联系没有因为上高中而削弱。和许多当时的同龄人一样，我没有什么"远大"的理想。回农村参加家乡的建设，是我们的唯一归宿，从来没有想过别的。

1974 年夏天，我从高中毕业，跟同村的 100 多名同届同学一起回到生产队劳动，那个转折是那样的自然，那样的顺畅，几乎没有在我的思想上和生活上引起任何的波折。

那年麦收完后，我被挑选进了村办企业去学车床，两个星期后，我就能独立操作了，让我的师傅和管副业的领导很满意。不久，同厂的同事胃出血动手术，亟须输血，我和厂里的二十几位同事赶往医院，一检查，我是唯一合格的输血者。大队党支部副书记宫兆玉，问我咋办，我说救人要紧。由于输血太多，我无法站立，他们不得不用担架车推我回家。休养一个星期后，再回厂里上班时，领导让我改学钳工，带着四个女孩子组装船用减速器。我们 5 个人第一个月组装了 7 台，第二个月组装了 14 台，第三个月组装了 21 台，第四个月 28 台。那个时候，连做梦我都在想着如何把工作干好。

由于我的出色表现，当年年底我被推荐当选我们村办企业管生产的厂长，那年我还不到二十岁，我跟着我们的村办企业成长壮大。当时我们村办企业，已有三台车床、两台刨床、两台六十吨的冲床、两台钻床、三十多台电焊机、两台气焊机，173 个工人，有几个定型的产品，我们维护保养着村里的两台拖拉机，还为村里组装了两辆简易卡车，我们的年产值上百万元。那时候，我们的工分价值已超过一毛多，收入已接近国有工厂工人的水平。那时候的农村，至少在我看来，充满了希望，我爸爸退休让我去接班，我都不情愿。

就在这个时候，中央做出了恢复高考的决定。1977 年的秋天，就风闻有可能恢复高考，但我没有当回事，照样工作和生活。真正报名考试好像是 12 月 10 日。当时的报纸上讲，全国平均录取率是二百二十比一。我报名时，我们副业的物资保管张济绪老人对我说，二百二十人考一个，为什么要浪费报名费，我回答说一千人出一个，那一个为什么不能是我？

我报上名后，就准备请假十天，复习一下已经生疏的学业。当时正是厂里工作最忙的时候，心里很是不忍，我母亲也对我请十天假很不以为然，说这么忙的时候请假，考那个八竿子够不着的大学，不值得。特别是她每天辛劳，让我坐在那里看书，她心里不好受。我想我娘主要是觉得我是考不上的。

报名考大学的第一个难题是考哪个大学、考哪个专业。除了我的中学老师外，到那时为止，我还没见过一个上过大学的。没办法，只好请教我的班主任肖琴凤老师，她教过我们外语。她说我应该报考师范，师范不要钱。她说她的母校山师不错，曲师也可以。另外还报了个烟台师专。至于专业吗，她说就报英语吧。英语是冷门，报考的人少。她显然不知道当时我非常不喜欢学英语，上课的时候，我从来没有张嘴跟老师念过，只是记过几个单词而已。

  高考的第一门课是政治，记得第一个题目是"为什么劳动是第一性的"。第二个题目是"党在社会主义历史时期的基本路线"等。这第一个题目，我从来就没听说过，但我想过在什么地方看过劳动创造了人这一句话，就从那个角度发挥了一下。出场后，王玉葵老师站在教室外，他是即墨一中的政治课权威，教过我政治课。他是我们县委书记李视远的女儿李秀的辅导老师，在等着问他的得意学生的考试情况。他说这个题目有点刁，问李秀是怎么答的。李秀说了，他说不对，旁边的梁义亭，他是老三届的高中毕业生，他说了自己的答案，王老师也说不对。我就冒昧地说了一下我的答案，他可能没有想到我这个农民的儿子居然能答对这个很刁的题，感到意外，很激动地说"你答对了，但答对的人不会很多"。

  考试完后我到肖老师家去讲考试的情况，正碰上她的哥哥、嫂子在她家做客。她们都是大学毕业生，问我考得怎么样。我说不好，最多七十多分。他们说这是高考，能考七十多分，你肯定考上了。我当时没有高考经验，无从知道他们说的对与错。

  无论如何，考试完后我又回到了村办厂子，生活又恢复了正常，把上大学的事几乎忘了。直到一天下午回家，见到同村的王思河，他在县文化馆当临时工，他激动地说我是城关公社唯一一个考上大学的人。那一年，我们公社累计有一万多名的高中毕业生，参加考试的有两千多人。我是这两千多人中的唯一一个！我简直不敢相信自己有这样的好运气。

晚上爸爸回家，也兴高采烈。他说，县教育局的人给他们厂里打电话报喜了。从小到大，我从来没有见过我爸爸那样高兴过。由于我调皮，让爸爸受了不少的气，我也挨了爸爸无数的棍棒。记忆中，爸爸从来没有对我干的任何事情赞赏过，他从来没有说过"好儿子，干得好"这样的话，即使我当了社办厂子的厂长，多次被评为标兵，都没见他高兴过。在他看来，那都是应该的，没啥了不起。他自己不也多次被评为劳动模范，我的姐姐不也是如此吗？我听到的最多的是"你真让我失望""我对你已经不抱希望了"。连吸烟喝酒这样的事，我都让爸爸失望。爸爸自己不吸烟喝酒，深知不吸烟、不喝酒在社交上的不便，非常希望自己的儿子学会吸烟、喝酒，但是不争气的我，两样没有学会一样。当父亲的怎能不生气？

这一次爸爸是格外地高兴。他对我说了一句让我意想不到的话，他说这一件事就够了，我不需要再做任何事情了，他已经对我这个儿子满意了。他说当他走在街上，别人指着他说，就他的儿子考上了大学时，他的自豪感是没法形容的。

我的父亲和母亲都出身贫寒，从来没有上过学。爸爸是新中国成立后上夜校学会认字的，母亲则从来没有学会认字。对父母来讲，儿子考上大学，并且是全公社唯一一个，当然是他们非常值得自豪的事情。我想，高考改变了我的命运，当然也改变了我们家的命运。

录取我的学校是曲阜师范学院外语系，是我们新中国成立后建的第一所大学，学校的老师都是从全国各大院校抽调来的，学校建在曲阜城外的一片荒野里，是一个修身养性、读书学习的好去处，特别是对我这样的农家子弟，曲师更是最佳选择，当初肖老师给我推荐曲师，可以说是歪打正着。

曲师毕业后，我又考取河北大学外语系硕士研究生，是曲阜师范大学外语系建校以后，第一个考上本专业研究生的人。学校党委开会决定，让我留校任教，并许诺送我到国外进修三年。他们给河北大学招生办发电报，说我已经放弃读研究生。外语系办公室的一位即墨老乡问我为何作出这样的决定，我才知道内情，当即给河北大学发了电报，说学校的电报不代表我本人意见。河北大学研究生招生办李书春处长在发出录取通知书后，还打电话给曲师收发室的田大爷，说我的录取通知书不得交给任何人，只能交给我本人。田大爷向我转告了这个电话。

收到研究生录取通知书时，学校已经放寒假，1977级的毕业生已经离校。我拿到录取通知书，就赶到学校的毕业安置办公室去办理户口转移手续，但办公室已经锁门。正在我一筹莫展之时，一位女老师进了大楼，我赶紧过去问她知道不知道在哪里能找到毕业安置办公室的人。她说她就是办公室的人，特来办公室取她的信件，并问我有什么事。我说明了情况，她说我运气很好，碰上了她。她便在毕业生的名单中找我的名字，里边没有，我说会不会弄错了，放到了留校者的名单里，她一看果然是在那里，并说是谁犯了这样的错误。她很快给我开了户籍转移的介绍信。拿上学校的信，我就赶往曲阜县公安局。我必须在五点下班前赶到那里。当我上气不接下气地赶到公安局的时候，那里正好关门，得知我考上研究生，要办理户口的时候，民警很高兴地给我办了。

我拿着录取通知书和户口转移证回到我的宿舍时，外语系党总支张书记、团总支书记兼1977级辅导员罗家英老师正等在那里。他们要我交出我的录取通知书和户口转移介绍信，我就是不交。他们一遍又一遍说着党委的决定，说学校让我留校是对我的重视和信任，说我作为1977级的团支部书记，受党的培养多年，应该知道服从组织分配的重要性。可那时的我，想的只是个人的前途，我要去读研究生。我坚持不交出录取通知书等，但他们也不肯放弃。

他们一直从晚上6点讲到晚上11点半。那个时候，宿舍里没有暖气，我在床上盖着被子，并不觉得冷，但他们俩穿着单鞋，已经冻得受不了了。我对他们说，你们回去吧，我不会一走了之的，我走前会给他们一个交代。他们说他们相信我的话，便勉强走了。他们走后，我便下床，给他们俩各写一信，说了我要读研究生的原因，然后从门缝塞进了他们的家门，然后挑上行李，赶火车回家过年了。

在河北大学读研究生三年毕业后，河北省教育厅把我分到石家庄工作，可我的爱人在河南工作。我要求他们改派我去河南。在那个时候，那简直是不可能的，我于是便自行联系了郑州大学。那时候的硕士毕业生还是凤毛麟角。郑州大学非常愿意接受我，答应去后重设档案，分给住房，并将爱人调入，我于是再次不服从学校分配。记得河北大学的同学告诉我，河大的孙校长在我走后，曾对全校的研究生讲，我带了很坏的头。若干年后，我应邀回母校河北大学演讲，曾郑重地向母校的领导和师生道歉，带那个坏头是不对的。

到郑州大学执教三年后，我以河南省第一名，考取新加坡政府奖学金，去新加坡国立大学留学，在那里又考取去美国留学的奖学金。而郑州大学一直保留着我的住房，让我母亲和弟弟住在里面。郑大的车得基校长到美国访问，让我毕业回郑大做文学院院长。然而，我还是没有回国，拿到博士学位后，我便在美国大学当教授至今。

我并不是没有想到回去报效祖国，但每当我提起这个问题，国内的亲朋好友，总是劝阻，回国干什么？别人想出国还出不去呢。只有我那从来没有上过学的文盲母亲，总是不解地问我为什么要留在国外，为什么不回来给自己的国家出力。叫我别忘了，是中国的农民含辛茹苦把我培养出来的。每当听到母亲那语重心长的话，我总感到一种莫名的惆怅和一种说不出的悲哀。我不知道我怎么变成了这个样子。可能我根本就没有变，我只是像许多人一样，在跟着社会的大潮走。我走的路，也是时代的路。

对我考上大学，又读研究生，最后出国，并在美国的大学当上教授。许多往日的同学好友，总有人夸我怎样的聪明。其实，人的聪明是多种多样的。有的人善于画画，有的人精通乐器，有的人手巧，有的人眼明，而我只是书读得稍好一点而已。社会需要各种各样的聪明人，而高考只考了会读书的一方面，别的方面的聪明，不在考核之列。一个健康的社会，应该让每个人都有扬长避短、发挥自己聪明才智的机会。可是，高考却逼所有的人都全心全意地读死书，走上大学的这座独木桥。对那些成千上万的不善于读书而善于别的事情的人来讲，高考无疑是一场个人悲剧，有的人读成书呆子，有的人被逼自杀，有些望子成龙的父母费尽心机让子女读书、升学，不管子女的爱好与特长，以至打骂、羞辱自己的子女，逼子女走向绝路。这是个人的悲剧，但何尝又不是民族的悲剧呢？

当年我考上大学的时候，在我的家乡流传着这样一个笑话，说我考上大学，是因为我的卷子在最顶上，人家就要一个，就把我录取了。这个话传到我母亲的耳朵里，她问我是不是真的，我笑着回答她是真的。其实这看似不是真的笑话，从更高层次上看，却是非常真。高考本来就是偶然性很大的东西，就像科举时代一样，高考成就了一些人，也毁了很多人。

作为当年高考的成功者，我认为，我们今天应该反思更多的是高考给我们社会带来的不健康的东西，我觉得高考给我们社会造成了更大的等级分化，使社会的不平等更加严重，让死读书和思想僵化更加严重，损害了社会的主体——工人和农民的社会地位。"万般皆下品，唯有读书高"过去是错的，今天还是错的。在我看来，中国不及早摒弃高考这种极端的、僵化的人才选拔办法，中华民族就很难健康地发展和进步！

我经常在想，如果当年没有恢复高考，我自己会是什么样子，中国会是什么样子。我想我很可能也会被推荐上大学，"社来社去"的大学，毕业后仍回我们村，为送我去大学的父老乡亲服务。由于我和其他有机会去上大学的人，给农村带回新的观念和知识，我们的家乡会更美丽。家乡当年清清的墨水河就不会变成今天的臭水沟。我们村的人均收入可能早就超过城市了，人人有免费教育、免费医疗，人人有事做，人人有房住。老有所养，幼有所学，壮有所为，就像《礼记》里描绘的大同社会。我想，人类的理想社会应该就是这个样子吧。

户口制度与中国农村发展

在很多西方学者眼里，中国的集体农业遭废除，户口制度随之衰落，对农民来说是一大解放。他们认为，户口使农民受地区限制，加重了城乡之间的不平等，甚至形式化了，难以改变。他们大都把户口制看作是一种社会管理制度（如保甲制度），农民社会地位较低，有人甚至还将户口制比作印度的种姓制度。他们称户口制阻碍了农村经济发展，限制了农民的流动性，进而阻碍了国家经济发展，使农村一直处于贫困状态。我自小在中国农村长大，那个时候还实行户口制，我强烈感受到了城市和农村间的不平等，还有农村户口的诸多限制。1977年，我上了大学，之前在农村和一间村办工厂工作了5年。让我气愤的是，那些非农业户口的同学，同样之前工作了5年，可他们读大学的时候还能继续领薪水。而农业户口，像我这样的，跟他们有相同的工作经历，却拿不到任何薪水。这样不同的待遇不是因为工作经历，而仅仅是因为在上山下乡运动中，非农业户口的人待在农村的时间也算作他们的工作经历，我们这些出生在农村的同学在农村工作的经历则不算。

然而，现在的学术讨论倾向于一边倒，片面地认为集体农业和户口制的解体"解放"了农民，却没有认识到现代经济的合理性发展（特别是资本主义的发展）影响到农村，使农民陷入了困境。在这个过程中,一方面,可以看到农民从土地和农村中解放出来;另一方面,也可以看到农民与土地分离,农村不再是一个集体。发展中国家经济发展的进程对农民来说一直是暴力和惨烈的。他们的"解放"是一个悲剧,不是喜剧。很多西方学者都忽略了农民对土地和农村的依附性。因此,了解中国的集体农业和户口制是非常必要的。这种解放(或分割)加速了中国的阶级分化,导致成千上万的农民流离失所,使他们成为城市资本家残酷剥削的牺牲品。那些贪婪的"血汗工厂"老板只为贪图利益,有时候甚至把农民当奴隶,把工人当工具。

农业合作化是一项实验,目的是在不使农民与土地及农村分离的情况下加速中国农村经济发展,其中心目标是实现农业现代化,发展农村工业,扩展农村教育和医疗事业,进而缩小城乡之间的不平等。20 世纪 70 年代,国际社会认可中国在这些方面所取得的成就,并赞之为第三世界国家的楷模。从那时起,很多西方学者便开始研究这个话题。户口制虽然也是一种社会管理形式,但从大方面来讲,不仅仅也不主要起社会管理作用,它更像是一项农民福利制度,农民享有不可剥夺的土地权及社会保障。

集体农业的实验结果毫无疑问是参差不齐的。每个地区,甚至每个村,每个生产队的成果都不一样。学者们应该仔细分析集体农业对农村经济发展和城乡差距产生的最终影响,不应该片面地认为它对农民毫无益处。有时候,不使农民与土地和农村分离也能够加速经济发展,并且实质性地提高农民的生活水平。

我用了 10 年的时间,在山东和河南两个省采访了 200 多人,收集了很多材料才写了这篇文章,虽然这只是局部研究的结果,但仍有广泛讨论的价值。选择即墨县来研究,因为我生长在这里,对这里的人非常熟悉。而南乐县因为一个偶然成了我的另一个研究对象。我在河南教学的时候曾与几位美国学者一起做过几项调查研究，之后我多次回到南乐县自己考察，也开始和当地的人熟悉起来。因而，我并没有刻意选择这两个地方做调查。即墨县，位于山东半岛，1949年以前非常贫穷，集体农业时期也是有名的穷乡僻壤。南乐县，位于河北、山东、河南三省的交界处，同样贫穷，不为人所知。但即墨和南乐在它们所在的区域都是非常具有代表性的。所有的采访都是在农民家里进行的，我都是用汉语跟他们交流，为了取得农民的信任，我还住在他们家里，和他们一起吃饭，有时候还一起下地干活。

我用的一些数据，是当地政府收集起来记入档案的，那些年还可以看到。当然，这些数据不一定可靠，但我尽力通过采访和一些没有公布的数据来确定这些数据的可靠性，后来证明它们是可靠的。邓小平担任党和国家最高领导人的时候，这些数据被收了起来。他第三次回到政治舞台（邓小平政治生涯"三起三落"）的时候，谴责毛泽东支持集体农业，并领导废除了集体农业。邓小平还发起编写地方志，但却让地方都按照他的中国现代史版本来编写。因此，受政府反对集体农业的影响，这些数据不再像以前一样倾向于显示集体农业的成就。而很多西方学者都很小心谨慎，不愿意提及这一点。

我在这里主要讨论马克·赛尔登、陈铁军和周晓的观点，他们都是反对户口制的代表人物。除另有说明外，我们研究的这个阶段是从20世纪50年代中期农业合作化运动开始，到80年代早期集体农业遭废除。虽然有时会附带提及集体农业废除后农村人口迁移及其对中国社会的影响，但我写这篇文章不是为了讨论这个话题。

户口制度的起源

陈铁军和马克·赛尔登的文章《中国户口制度的起源及社会影响》是一项很重要的研究，它探讨了中国独特的社会组织结构及其对中国发展的意义。他们将户口制度的起源追溯到古帝王时代的保甲制度，以及 20 世纪新中国成立前国民党、日本和共产党在他们各自的根据地采用的社会管治手段。户口制和保甲制在表面上的确有相似之处，但仔细探究就会发现它们其实并不相似。封建时期的保甲制度唯一的目的就是监视和控制人民，将人们约束在一保或一甲中，一人犯罪，全部连坐。日本在根据地内设的良民证、国民党设的身份证、共产党在游击战地区设立的通行证和路条都是他们在战争时期的社会管治工具。1932 年，国民党政府开始沿用保甲制度来进行管理和压榨，要求各个保长负责征兵和缴税。各政府都是用这些手段来确立人员身份、进行抽税和征兵，除此之外，别无其他。

相比之下，户口制虽然也是一种社会管理方式，但却不是为了管理人民而设。它更是一种福利制度，使人们拥有自己身份的同时也可以凭借它获得福利。例如，1960 年到 1978 年，香皂、棉布、自行车等这些物品十分短缺，因此都是按地方人口数量定量供应的。而且城市居民和农村居民享受的是同等待遇。不管是城市居民还是农村居民在买这些物品的时候，都要出示户口本，上面记录着他们的住址、家庭人口数、民族、年龄等信息，而且每条信息都有特殊的用处。例如，每个商店都有特定的销售区域，店员需要看户口本上的住址来确定他们是否有权购买这个店里的商品，还要根据他们的家庭人口数分配相应分量的商品。再如民族这条信息也很重要，因为少数民族可以享有一些特权，比如给回族人提供的就是牛肉和羊肉，而不是猪肉。城市居民也是凭户口本从政府的粮店低价购买粮食和其他定量供应的商品。农村遭遇自然灾害的时候，农民可以凭借户口本从政府的粮店里获得赈灾粮。因此，政府定量配给这些物品的根本原因不是为了社会管理的需要，而是想要确保人人都享有平等的权利去获得这些供应不足却必需的物品。户口制里，警察不用像过去日本和国民党那样到人们家里去核实他们户口本上的信息是否准确。人们也从来不用像保甲制度里那样担心邻居会犯罪。户口制成功地做到了短缺物品的公平分配。当然，凭户口本才能买东西的确不太方便，但是却有效地避免了抢米风潮的发生，例如在国民党统治时期，粮食短缺时，一些投机商人反而大量囤积粮食和其他货物，导致抢购大米几乎成了家常便饭。很多国家都采取上调物价的方式来解决物品短缺问题，但中国政府不想仅用价格手段来解决，而是采用了户口制来确保物品的公平分配。例如，不管是城市居民还是农村居民，保证每人每年都可以低价购买16尺棉布，想要更多的话，就必须多付钱去买棉料或合成纤维。粮食也是如此。政府低价卖给城市居民一些粮食，想要更多可以从自由市场购买，但是价格很贵。这里应该说明1978年改革以前是允许有自由市场的，自由市场从没消除过，"文化大革命"时期即墨和南乐县都有。"文化大革命"中即墨大集远近闻名，来赶集的人有时上百万人。

　　与良民证和身份证不同的是，户口本代表的是一个家庭的身份，而不是个人的身份，所以一个家庭用一个户口本。人们出门也不用随身携带。至于身份证明，城乡之间是不同的。城市居民，没有工作的，可以向他们居委会要一封证明信，有工作的就可以直接用工作证，而农村居民的证明信是由他们所属的生产队来发的。人们只有出差的时候才需要证明信来证明身份或入住酒店，要是外出探亲访友，就不需要。如果人们只是暂住城里的亲戚家或在城里打临时工，就不需要向派出所汇报。但这一规则也有例外。1959年到1961年，"大跃进"运动还未结束，粮食严重短缺，大批进城的农村人口会被聚集起来，被迫靠工作来换取食物和住处。他们的老家也会得到通知把他们带回去。当然也不是所有的城市地区都这样。1978年改革之后，大批农村人口涌入城市寻找工作。城市地区犯罪率上升，很多城市居民将社会安全状况日益恶化归咎于这些农村人。北京、上海、南京还有其他一些大城市开始不时地召集失业的农村人口。市政府会找一些失业的城市人口，让他们去找那些大街上衣衫褴褛，看着像农村来的人，要求他们证明自己在城里工作或有其他合理理由留在城里，如果他们不能给出满意的解释，就会被带到收容所，然后送回他们农村老家。

户口制及其相应权益

户口与保甲、身份证、良民证，或路条、通行证有着更多本质上的区别。20世纪50年代中期，农业合作社刚刚起步，农村住户把他们的土地、牲畜和农具都投入到农业生产合作社。投入土地牲畜多的人可以得到一些现金补偿，而投入少于平均投入的则必须向合作社交一部分现金。正因为如此，农业合作社在本质上更像是股份制公司，合作社成员也就是股东。持股的本质反映在，当城市居民想要加入农村合作社的时候，他们必须向合作社支付一定量的现金才能成为合作社成员，因为他们不是农民，他们没有土地和牲畜投入到合作社中去，而他们所支付的现金虽不是名义上，但仍在本质上帮他们买到了合作社的股权。

农业合作社合股的本质也可以从分配中体现出来。一开始，合作社将粮食分为两部分，一部分是"分红"，另一部分是劳动补偿。这两大部分在分配中的比重一开始并不一样。初级社里，对农民投入的土地和牲畜的补偿作为一部分，占50%，劳动补偿占另外50%。虽然高级社及后来的人民公社取消了对土地和牲畜的补偿，但这一部分的本质在新的按人口分配的方式中同样得到了体现。按人口分配的方式之所以更加合理，是因为土地改革之后，人均拥有土地面积差别很小，但对于那些生于土地改革之后，或者没有土地牲畜而加入合作社的人，合作社需要给予他们平等的分配。高级社里，60%的粮食是按人口分配的。无论工作与否，每人都能获得按人口分配的部分粮食。"大跃进"时期有一段时间，这一分配政策被共产风给吹走了，即墨和南乐两个县也都不再采用这种分配方式，每个人都可以免费获得食物，但同时他们也必须工作。经历了"大跃进"，农业生产遭受重挫，政府开始调节合作社的分配政策，制定了《农业工作的60条指导方针》，规定合作社在交了公粮，留出公积金和公益金之后，剩下的粮食70%按人口分配，30%按劳分配。正是人们在合作社的户口保证了他们每人都可以得到均等的按人口分配的粮食。这一分配政策一直延续到80年代早期农业集体解体。

从这些分配方式中，我们可以很清楚地看到，户口制度从最初的设想到一步步发展的过程都和保甲、良民证以及身份证有着根本的区别。宋、明、清及国民党统治时期的保甲制度，顾名思义，是用"保"和"甲"来管理人民，10户为一甲，10甲为一保，除了社会管理，没有其他目的。不光保甲，良民证和身份证的设立也都无关生产和分配，它们只是日本在侵略期间的社会管控工具而已。但户口制度却不一样，在广大农村地区，它更像是一种社会保障制度，因为不管能否工作，工作与否，人们都可以凭借户口获得自己相应份额的粮食，这个权利没有人可以剥夺。这样一来，虽然名义上农民没有土地所有权，但从这样的分配方式来看，他们本质上还是土地所有者。而且他们还可以免费从集体得到一块土地来盖房子。但是，如果没有集体的户口，想要用集体的土地，就必须补偿集体及其成员。因此，户口就算是一种社会管理工具，也只是这个制度的副产品，其根本目的仍是社会保障。

农民的这种"土地所有权"是不可转让的，同时也是不可剥夺的，也就是说，人们是不会失去这种"所有权"的。1959年到1961年是粮食严重短缺的三年，一方面是因为自然灾害，另一方面是因为"大跃进"导致了很多农村居民开始迁移。即墨县有很多家庭搬去了东北，那是山东人传统的饥荒避难处，而南乐县的很多居民迁到了山西省。迁移人数越来越多，县政府开始焦虑，他们派干部到南泉火车站和蒋家坡火车站去劝农民们留下来，但人们并没有理会，仍然坚持迁走。1960年，即墨县委书记徐华被免职，副书记易传吉和县政府办公室主任王生民受到批评，其中一部分原因就是农民的大规模迁移。

然而，那些困难时期离开集体，情况好转又回来的人，仍然享受和以前一样的权利。例如，河南村，1960年，有6户迁到了东北，1967年以前，又都迁回来了。其中有3户走之前把房子卖了，村集体还得给他们宅基地让他们重新盖房子。因此，他们都仍享有在村集体的权益。从某一方面来说，是户口使这些农民持有他们的土地权，没有户口，他们可能在迁走的时候就便宜卖了，1949年共产党执政以前就有很多人因为这样而失去土地。农业合作化以前，一遇上饥荒，粮食价格就上涨，同时土地价格下降，那些有权有钱的就趁火打劫，低价收购农民的土地，有时候一亩地只换50斤粮食，而收成好的话，一亩地年产量是这个数量的四倍多。从表1就可以看出新中国成立前即墨县不同等级的农民拥有土地的差别。而户口制有效防止了这种事情的发生，这就是农业合作化运动最原始的目的之一，也是贫苦农民热爱农业合作化运动的原因之一。有些人争论说，中国只是想靠农业合作化运动来挤压农业，从而促进工业化发展。而事实上，不需要农业合作化运动，也不需要户口来连接农民和土地，政府照样可以采取其他手段以农业为代价来促进工业发展，比如说，国民党就曾经用增加土地税、增加工业税的方法来为战争提供资金。

表1　　　　1950年土地改革前即墨各阶级农民所拥有土地面积

单位：亩，人，%

阶级	户数	占总户数百分比	人数	占总人数百分比	土地总面积	占总面积百分比	人均拥有土地面积
总数	183195	100	879608	100	2093913	100	2.38
贫农	109088	59.5	495029	56.3	562385	26.85	1.13
中农	65079	35.5	330839	37.6	921972	44.02	2.78
富农	2640	1.4	17243	2	138515	6.6	8
小租农	870	0.5	3575	0.4	25737	1.23	7.2
地主	4016	2.2	26578	3	418782	20	15.8
其他	1502		6344	0.7	26522	1.3	4.2

资料来源：《即墨县志》，新华出版社1987年版，第224页。

户口制度与流动性

社会学家通常认为人口流动是一件好事，这是从现代和城市的角度来讲的，传统的农民可不这么想。对大部分中国农民来说，迁移通常是一种悲剧。共产党执政以前，通常是因为失去土地,遇上自然灾害,没有其他选择的时候,人们才会被迫迁移。中国有句古话说,树挪死,人挪活,山东农民在被迫迁移时就经常说这句话来自我安慰。对他们来说,迁移通常意味着痛苦和磨难,即墨人管它叫背井离乡或者逃荒,绝不是一件喜事。陈铁军和马克·赛尔登在他们文章中提到的那些北京、上海还有其他一些大城市的难民,大部分都是为了躲避日本侵略者或者内战而逃难来的。还有那时候正在进行土地改革,一些地主就成了靶子,为了逃避农民的清算,他们也逃到了城市。这些难民也不反对政府把他们送回老家,估计是因为他们也觉得回老家更有奔头儿,特别是在城里也找不着工作,连个住的地方都没有。

户口制,或者集体农业本身,并不能阻止人们外出寻找工作机会。陈铁军和赛尔登认为,城市的工作机会就像"拉力",而农村的生存环境就像"推力",这两者决定了人们的迁移方向。人们决定之前一定会权衡利弊,在城里能找着工作他们才会去,比如说50年代早期,政府扩大工业发展,很多农民就在城里找到了工作。所以,只说人口流动帮助了国家经济复苏是不公平的,也有可能是经济复苏促进了人口的流动。还有一次大迁移也可以证明这一点。1958年还是"大跃进"的时候,工业扩展非常迅速,即墨就有几千农民到了城市去工作,集体农业和户口制对他们并没什么影响,南乐县的情况也是一样。1959年的时候,即墨有1100个农民到了辽宁鞍山去工作。1958年4月,即墨建了第一个钢铁厂,几个月之内从农村招了2000多名工人。而1961年9月,整顿"大跃进"运动,工厂随之倒闭,大部分工人都回老家了,留在城里他们也没事做,也赚不着钱,或许回去还能找着工作,那么多人去了东北,他们回来正好补上。

农村的生存条件是决定迁移的另一个重要因素。就像前面提到的,"大跃进"失败的时候,农村条件变差,就算城里没有工作机遇,人们还是会迁移。1960年一份不完整调查显示,华山公社有267户迁移,小福村的268户中,有50户迁移,西姜各庄的185名成年农民中,68人迁去了东北。还有一个生产队的29名男工人和25名女工人中,男的有21人,女的有9人去了东北。人们长着腿,条件不好,自然会离开,户口拦不住他们,其他任何事都拦不住他们。相反,农村条件满足人们期望的时候,他们也不会想走。除了1958年到1960年这三年,相比过去而言,农业合作社期间少有人口流动,很多农民认为这是农业合作社成功的表现。农业集体解体后,人口流动增多,一些社会学家觉得是一件好事,然而,他们却没有看到我之前提到过,建筑工地上的工人通常需要一天工作12个小时,甚至更多,他们的生活条件差,收入微薄,一天只有10到15块钱。很多农民都在城里打临时工,他们告诉我他们很不喜欢城里的工作,但是没办法,不然根本付不起不断上涨的生活费用和家里的种地花销。没人强迫他们到城里工作,但是土地税上涨,其他费用增加,教育、医疗费用更不用说,是这些逼得他们不得不到城里找工作。农业合作社时期,土地税一直都是一亩地20斤粮食,而到1997年,南乐县的农民一亩地要缴190斤粮食。合作社期间,上小学、初中及高中都是免费的,而现在,农民不得不支付高昂的学费还有其他各项费用送孩子去上学。合作社期间,一个农村联合的医疗体系就像一张保险网,为农民提供医疗服务,只收取很少的费用,而现在,农民没有任何形式的医疗保险,农民只能靠自己,如果不在城里打工来填补家用,他们根本无法生存下去。更糟糕的是,政府征收的税款及其他费用根本没有用来改善公共设施,而是进了贪官的口袋。外地打工的工人也会汇款给家里,但是他们能做的很有限。所以说，这次人口流动的后果是非常复杂的，而它的长期影响我们现在还不知道。

户口——农民的保险网

有些学者声称，在集体农业下，农民没有任何的经济保障。这是不对的。户口制和集体农业的根本作用之一就是给农民提供经济保障。合作社保障每个人都有工作，不管年轻与否，能干与否，合作社都给予合适的工作。那些因年老或残疾而不能工作的则受益于"五保"体系，即保吃、保穿、保住、保医、保葬（孤儿保教）。"文化大革命"时期，农村集体同样提供给农民基础的医疗保障。即使人们在外面找了工作，同样可以随时回来享受生产队提供的各种保障。1964年到1967年，河南村生产队的第八生产小队中，王方忠、刘家坤、刘玉训、王思江、付成友、付成珍、张子业和张子第8人离开生产队，外出寻找工作机会，他们相当于第八小队六分之一的劳动力。王方忠和刘家坤在新疆维吾尔自治区找到了工作，张子业和张子第在内蒙古自治区找到了工作，其他四个人在外面闲荡了一段时间又回到了村里。先是几个月后，王思江和刘玉训回来了，说他们终于发现别的任何地方都没有家里好。付成友和付成珍都是家里最小的儿子，出去了就没打算回来，所以走的时候都把房子卖了，在外面闲荡了两年，1967年的时候两人也回来了，不过没地方住。村集体留下了他们，安排他们在新设的林业队工作，住在生产队的农房里，在那里他们可以免费得到食物和柴火。这些事例表明，合作社不仅为农民提供保障，更是一张可靠的保险网。1996年，付成友已经是村里建筑公司的管理人，我采访他的时候，他刚从西安看兵马俑回来，他告诉我，当初要不是在他需要的时候，合作社接纳了他，他很可能就成了无家可归的流浪汉。

农民要在城市找到工作通常就两种方法。一个是成为国家工作人员，这样他们的农业户口就变成了非农业户口。即墨那些去辽宁鞍山的，南乐那些去甘肃兰州和河南鹤壁和安阳的，都成了非农业户口。另一个通常是有亲戚朋友帮忙才在城里找份临时工的，也有时候是因为集体和国企有合作，不过这种情况下，他们仍然保留农业户口，仍然可以从集体获得自己相应份额的粮食，所以雇主们不会给他们发粮票，不过如果他们把自己分到的粮食交到厂里的餐厅，就可以在餐厅吃饭。同样地，大部分情况下，雇主也不会给他们提供住处，因为他们在农村有自己的房子。这样一来，他们通常得住在亲戚家或者自己租房子住。在大城市租房是有点难，在县城找到租房就相对容易些。不管是80年代改革前还是改革后，租房都只是两个私人之间的交易，国家可没有政策规定不可以租房给农村人。然而，人们通常会忽视两个事实，一个是想到粮食配给的时候，忽视了只有农业户口才可以从村集体分到得粮食，就算他们没有为合作社出任何力也照样可以，甚至，如果他们需要，还可以把自己的粮食上交国家的粮店以换取粮票；另一个是考虑到住房问题时，人们通常忽视了，大部分城市居民是没有房屋所有权的，他们都是长期工人，政府给他们提供住房，但农民就不一样，他们都有自己的房子，也不用交房产税。我曾经采访过一些"文化大革命"时期在城里打工的农民，一般来说，农民要想在城市找工作，粮食分配和住房问题都是严重的阻碍，但这些并没有阻止他们在城里找些临时的活干。

很多临时工都得做苦力，比如建筑工，还有火车、货车装卸工。这些工作的好处就是，干多少，挣多少，所以临时工有可能挣得比长期工还多。60和70年代的时候，有10到15年工作经验的长期工通常一个月可以挣45元左右，而在三线地区，像即墨和南乐这样的县级市，临时工一个月甚至可以挣到150元，即使不是干多少，挣多少，他们也总是赚得比长期工多。那时候，临时工的标准起薪是一个月45元，或者说一天一块五，最多的时候可以达到一天3.185元，也就是一个月90多元。而在县级市或小城市，长期工的标准起薪只有一个月18块，而要一个月挣到45块，至少得工作12年。工资的差距是为了补偿临时工，他们没有退休金和医保，也没有长期工所享受的其他待遇。

我研究了12个村，采访过200多人，没有碰到一次农民不被允许到城里打临时工的，虽然大部分情况下，他们走之前得向所在的生产队队长说明，但这不是为了控制他们，更像是一种礼节，一前任生产队队长说，住旅馆还得打个招呼呢，更何况请求许可也是尊重这个集体的表现。生产队的分配政策也导致了某些人占集体的便宜，那些在城里打临时工的人仍然可以获得其他人的劳动成果，这样自然就占了其他人的便宜。为防止这种现象过度发生，有些生产队开始采取措施。比如，河南村规定，在外打工者，必须有足够的其他家庭成员在合作社工作，要不就买工分，价格要比账面上高一点。其实合作社的分配方式和他们农产品的标价使得工分的真正价值总是比账面上要高。南乐县要求，外面的雇主如雇了生产队的人，则需每个月支付生产队15元供其发展及作为福利基金。这一规定仍然没有阻止农民在城里找工作，他们总是可以绕道走，而且有的生产队根本就没有这样的规定，因为占便宜的情况还没那么严重。

有些学者称，户口和集体农业限制了农民的自由，农民外出探亲访友还要请求许可。而我的个人经验以及我过去十年在农村的考察结果可不支持这种说法。虽然要求村民离开村里之前要告知他们的生产队队长,但是生产队队长毕竟不是吃公粮的,所以严格说来,他们并不是政府干部。他们通常是由左邻右舍的村民选出来的,有时候也会外出探亲访友,因而他们通常不会拒绝村民们的合理要求。而且,集体农业还有一个好处就是,一个人暂时离开,其他人还可以帮忙照看土地。比如南乐县的姚国山在河南鹤壁工作,每天可以挣 3.185 元,也不用跟生产队买工作分,但是 1982 年,土地划分给挨家挨户的时候,他就不得不放弃城里的高薪工作,回家种自己的那块地了。

户口制的社会意义

城乡生活水平差距任何一个发展中国家都有,中国作为一个发展中国家,当然也不例外。因此,将此差距归因于户口制和集体农业是不公平的,户口制建立以前,差距早就已经存在,没有户口制的国家,差距也照样存在。陈铁军和赛尔登指出,中国没有解决贫困问题。可是,解决了贫困问题的发展中国家又有几个呢?贫困是一个相对的概念,也应相对地去衡量。中国的户口制度和集体农业恰恰提供了一个解决方案来解决住房和贫困问题,给予农民不可剥夺的土地权。我们可以看到,中国的主要城市周边不像其他发展中国家那样有棚户区,这是户口制度最明显,也是最直接的社会成果。通常,失去土地才会沦落到住棚户区,而在中国,农民是不会失去土地的。除非遇上严重的自然灾害,其他情况下,至少我研究过的地方,农民是不用担心粮食短缺问题的,就是遇上几次自然灾害,政府的救助也足够人们度过粮食短缺的时期。例如,1957 年和 1963 年,南乐县很多村庄遭遇严重洪水,粮食和房子都被冲走了。这两次,政府救济都非常及时,救济食物非常充足，农民不用被迫搬迁，到现在他们还为政府的此举感到骄傲。他们还说，洪水让他们得到政府的救助，住上了暖和的房子，烧着煤炭，吃着海鲜，他们之前可从来没有这么享受过。再如，即墨县河南村因自己产粮不够，吃了政府10多年的救济粮，从1960年一直到1969年。通过分析这些村子发现，政府的扶助方式通常有两种，一是免除土地税，二是发放救济粮。除了受政府的救助，这两县的村民都会到当地市场去买卖粮食，"文化大革命"时期也是如此。当然，如果自然灾害袭击大部分地区，政府无法给予足够的救济粮，人们就不得不搬迁甚至讨饭了。

大部分发展中国家，人口大规模迁移，涌入城市地区，对比一下就会发现，户口制和集体农业是缩小城乡生活水平差距的一个可用方法。共产党执政以前，城乡居民在教育、医疗服务方面差距巨大，缩小该差距也是1958年发动"大跃进"运动的动机之一。虽然运动以经济灾难告终，但至少在即墨县就新建了很多学校和诊所。农村的公共食堂虽然不受好评，但也是为了农民的利益而建。"文化大革命"最重要的目的之一就是缩小城乡生活水平差距。"文化大革命"时期，教育改革使即墨县每个村都建了小学，几个村建立了联办中学，还有人民公社建立了一个高中。即墨所有的农村孩子都可以免费上小学和初中，到1974年，70%的孩子可以免费上高中，到1976年所有初中毕业生，都可以不用筛选，直接上高中。"文化大革命"时期要求城市的医生必须到农村医疗所去巡回服务，即墨和南乐的很多村都有了"赤脚医生"，方便当地农民，为他们提供简单的医疗服务，虽然简单，但相对过去什么都没有来说，已经是很大的进步了。这毫无疑问也延长了人们的寿命，就拿即墨来说，1949年，人均寿命只有35岁，而到了1986年，增长到了70.54岁。即墨的经济总量也从1949年的

5501万元,到1978年增长到了4亿9981万元,在不到30年的时间里,增长了近10倍。户口制和集体农业为即墨经济发展做出的贡献是无法衡量的,在这些数字面前,像某些学者那样,说集体农业和户口制的负面影响有多大,恐怕是站不住脚的吧。

劳动强度是工人和农民的差距的另一个重要因素。过去农民干活基本全靠双手,体力消耗很大,而工人用机器,体力消耗就很小。"文化大革命"时期,农民越来越多地使用拖拉机和其他机械,劳动强度就相应减少(见表2)。

表2　　　　　即墨县农业机械的使用情况(1958—1975)

农用机械(辆)	1958年	1960年	1965年	1970年	1975年
大型拖拉机	1	54	76	76	1137
马力	35	1848	3841	3841	25206
小型拖拉机				19	231
马力				168	2503
卡车			2	2	3
马力			125	125	191
柴油机			131	1029	4571
马力			1842	15294	68858
电动机			129	309	2116
马力			1072	3831	18607
汽油机			258	620	887
马力			1072	2280	2913
喷雾机			7	507	924
粉碎机			36	1051	1839
磨面机			173	761	1283
总动力(马力)	1120	6116	8272	25676	116586

资料来源:《即墨县志》,新华出版社1987年版,第233页。

表 2 显示了随着集体农业的巩固及发展，自 60 年代中期以来，农业机械得到了广泛应用。1965 年，即墨的总功率容量为 8272 马力，平均到各个村的只有 8.1 马力，差不多也就是一台柴油机的功率。到 1970 年，仅仅 5 年，总功率增长到了 25676 马力，输到各个村 25.3 马力，相当于两台小型拖拉机的功率，是 1965 年的 3 倍多。而到了 1975 年，总量达到了 116586 马力，平均每个村可输到 114.75 马力，相当于几台小型拖拉机和一台中型拖拉机的功率，是 1965 年的 14.2 倍。除了机器的使用增加之外，像磨面机、榨油机等器械的使用也大大增加，这样一来，农民的劳动强度就大大减少了。农民用拖拉机耕地，往地里运化肥，送农作物去脱粒，没有拖拉机，农民就得用铲子耕地，用手推车推化肥和作物。1965 年的时候，即墨和南乐的农民还是用手推磨来做粮食加工，而现在的人们早就习惯了机器加工粮食。

集体农业及与之相伴的户口制度至少从两个方面加快了农村地区的机械化。在像中国这样的贫困国家，集体购买机器比个人购买容易多了。单凭个人是买不起一台磨面机，但一个村 1000 个人一起就买得起了，通常一个村一个就够了，集体也能比个人更好地利用。

表 3 　　　　即墨历年粮食产量（1949—1979）

单位：万亩，公斤，吨

年份	总产 面积	总产 单产	总产 总产	小麦 面积	小麦 单产	小麦 总产	玉米 面积	玉米 单产	玉米 总产
1949	231.20	70.5	163370	63.40	49.5	31590	1.70	37.5	650
1950	226.20	71.5	161015	65.70	52.5	34575	6.30	65	4085
1951	243.00	81.5	198650	60.90	57.5	34960	6.70	75	5000
1952	241.70	82	198555	72.40	53	39770	8.80	93.5	8215
1953	239.10	72	172635	70.90	41.5	29565	12	108	12980
1954	227.70	79	180130	65.90	48	31710	15.4	102	15640
1956	231.70	80.5	186925	67.60	48	32315	29.40	91.5	26890

续表

年份	总产 面积	总产 单产	总产 总产	小麦 面积	小麦 单产	小麦 总产	玉米 面积	玉米 单产	玉米 总产
1957	242.50	67	162775	69.20	40.5	27830	22.2	100.5	22850
1958	247.60	70.5	174740	71.80	40	28670	28.50	71.0	20215
1959	209.90	67.0	140160	47.00	37.0	17385	16.10	43.0	6950
1960	191.00	30.5	58025	66.00	36.0	23820	9.80	20.5	1985
1961	182.80	51.0	93015	50.00	22.5	11220	5.70	45.5	2580
1962	202.70	54.0	109145	46.80	43.0	13965	7.70	59.5	4580
1963	181.30	67.5	122180	39.40	39.5	15875	12.10	84.5	10260
1964	187.20	69.5	136630	48.40	57.0	27575	17.70	82.5	14475
1965	195.70	83.5	163560	52.30	49.0	25595	19.50	100.5	19655
1966	191.90	128.0	245030	53.00	70.0	37025	28.20	145.5	41085
1967	195.44	109.5	214375	64.90	65.0	42155	29.22	142.5	41695
1968	185.24	99.0	183505	59.69	56.5	33670	27.08	134.0	36400
1969	190.60	96.5	183990	59.20	59.0	34935	28.40	128.0	36430
1970	193.04	98.5	190645	58.70	62.0	36490	32.89	122.5	40275
1971	203.66	120.5	240455	69.41	69.0	47820	32.13	160.5	51505
1972	208.63	130.0	270280	72.18	80.5	58045	25.37	171.0	43415
1973	207.69	142.0	294875	68.94	69.0	47780	13.02	164.0	50960
1974	197.04	157.5	310025	69.32	99.5	69085	33.61	188.5	63400
1975	193.03	191.0	369000	75.66	113.0	85510	35.64	220.5	78525
1976	191.40	180.0	344000	79.26	126.0	99730	40.17	226.0	90780
1977	189.83	167.0	319129	79.01	116.5	92195	40.42	204.5	82615
1978	186.93	185.0	346135	76.08	102.5	77795	43.81	198.0	84140
1979	182.36	209.0	381130	74.47	181.0	134920	43.18	258.5	111635

注：耕地区域的变化跟行政区域的变化有着很大的联系。有时候一块地会从一个行政区域划分到另一个行政区域，例如城阳合作社和棘洪滩合作社就在1961年被划到了崂山县。有时候其他行政区域的土地会被划分到即墨县，还有其他一些土地在1962年被划给了即墨县。这里列举的只是两种主要作物。其他作物包括小米、高粱、红薯、大豆和花生。不过种植这些作物的地区产量通常不高。

资料来源：《即墨县志》，新华出版社1987年版，第242页。

户口制与集体农业

很多学者争论说，中国的集体农业没有鼓励农民务农，因而导致农业生产停滞不前，这一说法正和集体农业时期即墨农业生产迅速增长相矛盾。认为单干的农民有生产积极性，比集体务农效率高的说法未免太简单了，如果是真的，那现代工业就不会超过传统的个人手工业。个人的工作积极性固然重要，但并不是所有生产要素。集体农业之前，中国有着长久的自给自足的农业史，尽管农民干劲很高，但农业生产增长极度缓慢，农民大多用的都是祖先传下来的工具，都用了几千年了。

即墨县因集体农业有了几项突破性的成就。有的学者称1966年到1976年的这段时间为农业集体大动员。即墨的粮食单位产量比1965年增长了2.16倍（见表3）。因行政区域划分有变，加之土地建设，耕地面积在这段时间有所减少，但即使这样，粮食产量依然只增不减，1976年的总产量为1965年的2.12倍，达到了344000吨，而且粮食质量也大大提高。中国北方人最爱的主食小麦，因种子质量提高，灌溉及耕种方式改良，1976年的产量几乎是1965年的四倍；玉米，北方第二大主食，到1976年，产量也相应增长（见表3）。过去，农民只有在特定场合才能吃到小麦磨的面粉，随着小麦产量增加，农民也可以经常吃了。

表4显示了集体农业时期即墨的经济作物总产量，以免有些人误以为粮食产量增长是以经济活动为代价的，而事实上，经济作物的产量也增长了。例如，1965年到1976年，林业和水果的总产值从367万元增长到了1154万元，畜牧业总产值从1069万元增长到了3403万元，渔业总产值从2429万元增长到了6253万元。

表4　　即墨历年经济作物的种植面积和产量（1936—1978）

年份	花生 面积（万亩）	花生 单产（公斤）	花生 总产（吨）	麻 面积（万亩）	麻 单产（公斤）	麻 总产（吨）	蔬菜 面积（万亩）	烟草 面积（万亩）	烟草 单产（公斤）	烟草 总产（吨）
1936	14.80	84.0	12465	0.06	25.0	15	8.51			
1949	16.00	66.0	10470	0.10	15.0	15	9.50			
1950	16.00	71.0	11445	0.10	40.0	40	4.60			
1951	13.20	109.0	14370	0.20	92.5	185	2.30			
1952	20.50	104.0	22330	0.50	85.0	425	4.10			
1953	16.70	95.0	15900	0.30	80.0	245	4.30			
1954	20.0	100.5	20135	0.20	67.5	135	6.20			
1955	18.60	104.5	19405	0.30	43.5	130	4.50			
1956	11.80	123.5	20740	0.30	61.5	185	6.90			
1957	15.90	103.0	16375	0.10	24.0	240	6.60			
1958	13.60	143.0	19480	2.00	53.5	1065	12.10			
1959	2.40	111.0	2660	0.80	90.0	720	14.80			
1960	6.60	23.0	1525	0.30	3.5	10	5.56			
1961	4.54	55.0	2485	5.75	0.04	37.5	15.00			
1962	5.90	51.0	3000	0.20	10.0	20	3.82	0.05	40.0	20
1963	6.88	69.0	4745	0.60	8.5	50	4.05	0.12	41.5	50
1964	11.43	72.5	8290	0.70	22.0	155	6.21	0.08	44.0	35
1965	11.00	82.0	9000	3.63	99.5	3610	4.98	0.09	55.5	50
1966	14.95	150.5	22485	5.24	128.0	6710	3.80	0.07	78.5	55
1967	20.80	114.0	23760	6.73	125.5	8430	3.57	0.08	81.5	65
1968	16.69	107.5	17955	8.46	10.0	9310	5.80			
1969	15.10	62.0	9365	3.70	81.0	3000	5.33	0.20	72.5	145
1970	15.09	87.0	13180	3.79	107.5	4050	5.54	0.20	5.0	150
1971	14.43	127.5	18410	5.02	119.5	6000	4.98	0.18	5.0	135
1972	15.45	101.5	15655	5.00	96.0	3460	5.93	0.21	83.0	175
1973	14.47	128.0	18540	5.20	110.0	5715	6.11	0.15	140.0	210
1974	17.58	112.0	18685	7.39	123.5	9115	6.12	0.17	144.0	170

续表

年份	花生 面积(万亩)	花生 单产(公斤)	花生 总产(吨)	麻 面积(万亩)	麻 单产(公斤)	麻 总产(吨)	蔬菜 面积(万亩)	烟草 面积(万亩)	烟草 单产(公斤)	烟草 总产(吨)
1975	18.96	86.0	16340	9.56	174.0	16635	7.37	0.26	144.0	375
1976	18.18	59.0	10755	9.64	103.5	10020	7.31	0.31	127.5	395
1977	14.83	82.5	12265	8.34	106.0	8825	8.68	0.27	115.0	310
1978	17.26	124.0	21380	8.36	164.0	13715	9.20	0.23	141.5	325

资料来源：《即墨县志》，新华出版社1987年版，第246页。

即墨在集体农业时期的成果超越了现代其他任何一个阶段。1966年到1976年，即墨的自然灾害不比以前少，也不比以前轻，总共有4次严重干旱，4次严重洪水，4次强风，9次冰雹和3次严重虫害，但在这样的情况下，农业产量依旧持续增长。1965年，即墨农民的人均粮食配给为230公斤，到1975年，增长到了421公斤（见表5）。另外，户口制和集体农业时期，即墨的城乡生活水平差距也渐渐缩小。农民的人均粮食配给增加了191公斤，差不多一倍，而城市居民的粮食消耗减少了，城乡差距渐渐缩小。对劳动的补偿等级越高，就越是这样（见表6）。

表5　　即墨县历年农业人口人均口粮和收入（1958—1985）

年份	1958	1960	1965	1970	1975	1980	1985
人均口粮（公斤）	239	88	230	232	421	423	386
人均收入（元）①	27	24	37	50	79.6	117.3	558

资料来源：《即墨县志》，新华出版社1987年版，第158页。

---

① 元的价值并不固定。1978年以前，中国几乎没有通货膨胀问题。1980年，粮食价格上涨，通货膨胀速度非常快，鱼的价格从2毛一斤涨到2元一斤，肉的价格从8毛一斤涨到3元一斤。仅1984年一年，政府印的钱就比过去35年加起来还多。

表6　即墨历年非农业人口人每月人均口粮（1955—1987）

单位：公斤

工种	级别	1955—1960年	1960—1971年	1972—1987年
特种工	1	37.5	26	28
	26	2	30	24.5
	24.5	3	27.5	22.5
重体力	1	23	26.5	23
	21.5	2	21.5	19.5
	19.5	3	20	17.5
脑力劳动	1	18	16	18
	17	2	17	15
	16	3	14.5	14
学生	大学生	17	16	17.5
	16	高中生	16	15
	15	初中生	15	14
一般市民		13.5	11.5	13.5

资料来源：《〈即墨县志〉送审稿：居民篇》，第28页。

农村的集体工厂和企业也提高了农民的人均收入（见表5）。1965年，人均收入只有37元，到1975年，增长到了79.6元，增长了一倍多。看到这些数字，应该也能想到，农民经常会故意说低自己的收入，因为他们还可以得到粮食、柴火、肉和蔬菜之类的，现金只是他们收入的一部分而已。同时，即墨国企工人的平均年收入降低了，1956年为480.7元，到1976年只有427.8元，降低了52.9元。虽然自1957年以来，城市居民工资相对减少，但这样一来，城乡差距缩小了。同时这里也应该强调，大部分学者说集体农业时期农业生产停滞，是因为他们只计算了该年的收入，而没有考虑到农村集体在农业基础设施建设、灌溉项目、土壤改良项目及工业企业上的投资。这些投资的回报不能立竿见影，而要看长期效益。例如，即墨的主要路段及灌溉设施大部分都是在集体农业时期建的。

农村发展的两种模式：工业和迁移

20世纪80年代早期，集体农业遭废除，个体农业兴起，正巧赶上大量外资涌入中国，城市地区的工作机会大大增多，前所未有，很多农民因此迁到城市工作，不过大部分都是在建筑工地。很多学者都只看到了这其中积极的一面：那就是农民流动性增加，收入增加。但很少有学者看到了它的弊端。举个例子来说，我调查过的后滩村，共有1000名劳力，其中200人还在外面有工作，一天工作12到14个小时，三餐很简单，晚上睡临时搭建的帐篷，一天也只挣10到15块钱。年轻妇女在小饭馆或小旅馆工作，一个月也就100到150块。这样，在外工作10个月，男人一般也就能带回家3000到4500块，女人差不多1000到1500块。而那几年，电费上涨，化肥价格上涨，其他生活费用也上涨，导致通货膨胀，农民辛苦挣的钱很大一部分都花在这上面了。1985年，电费只有一毛钱一千瓦，而到了1992年，涨到了六毛钱一千瓦；化肥从一毛多一斤涨到了六毛多一斤。还有其他花费也大大增加，比如说办喜事，哪个地方都得花上一万到两万块钱，而在以前，几百块钱绰绰有余了。因此，也没多少钱投在农村基础设施建设上。靠农民外出打工的农村发展模式似乎总有一个弊端，农民不得不干不爱干的活儿，还只能挣微薄的薪水。

对比这种模式，另一种模式是户口制和集体农业计划的一部分。东洼二村曾经是即墨西北部最穷的村之一，村民们并没有到城里去卖劳力，生产队合作社在70年代早期建立的简陋工厂，已发展成大型工业体系，占地七英亩，拥有300万元流动资金和投资成本。到 1986 年，公司已拥有 330 名员工，可生产 40 多种产品，该年净收入达到 150 万元。收入增加，村集体又建立了新的娱乐中心、幼儿园、技术培训夜校、图书馆、小学等，孩子们上小学都免费。村集体还提供给每个中学生标准奖学金 100 元，高中生 200 元，职业学校学生 300 元，大学生 500 元。村里还铺路，安上路灯，每家每户都配上了家用电器。自 1986 年，老人还可以领养老金。这里的生活水平已经超过了城市的生活水平。而在即墨，像这样的村还远远不止一个，它们都是从农村集体的简单工业一步步发展起来，到最后，生活水平都赶上甚至超过了城市地区。

结　论

过去 10 年，我在山东和河南两个省进行实地考察，分析研究了很多案例才写了这篇文章，目的就是从另一个视角看户口制度和集体农业的起源及社会意义。户口制和集体农业的效果因地而异，有的地方效果好，有的地方效果不好，我们不能把所有的成果都归功于它们，也不能把所有的灾难及后果都归咎于它们。总的来说，一个集体中，领导者的能力和自然环境都是决定经济发展的重要因素。如果农民享有更多的民主权，可以参与决策，领导者也跟着参与生产，集体农业在这样的地方通常效果显著；相反，领导者能力不佳，不允许农民参与决策，也不和农民一起劳作，集体农业在这样的地方往往效果不佳。因此，这些不关集体农业和户口制度的事，我们不应该责难于它们。集体中缺乏民主制度和实践通常容易导致管理不善，干部贪污腐败，最终导致集体农业的失败。

那么，应该怎样评价集体农业及户口制度呢？应该农民说了算，政治家和学者说的都不算。每次回想起集体农业时期，有社会保障，集体感强，享受着免费的教育和医疗，也没有那么多犯罪，农民们都充满了怀念。即使在政府的压力下，中国大部分农村都废除了集体农业，但集体农业和户口制度的长期影响似乎仍有待观察。

(本文原载美国《发展地区》杂志，1999年)

亲历：达赖喇嘛的多面性和西藏问题的复杂性

在国内的时候，我对藏族同胞的了解很有限。除了课本上学到的一点知识外，没机会与藏族同胞有接触。普通的中国人，得以去西藏的毕竟不多。到美国后，接触藏族人及与藏族有过联系的美国人反而多了起来，让我对达赖喇嘛的多面性和西藏问题的复杂性有了较多的了解。在这里把我的有限经历写出来，以飨读者。

我刚到美国时，跟美国人合租房子住。有一个室友叫克里斯朵夫，他从外表看很低调，但却出生于美国佛蒙特州的望族。他的祖上是英国乔治国王钦定跟印第安人打交道的官员。他们家族在佛蒙特的最大城市百灵顿有几百英亩土地。克里斯朵夫的爸爸是佛蒙特大学的外科医生。克里斯朵夫本人曾获得过美国少年山地速滑的第七名。像许多望族的后代一样，克里斯朵夫少年时代也学过钢琴，而且有很好的音乐天赋。大学时代，他和哈佛大学的学生音乐队多次到国外演出。他哈佛大学本科毕业后，他爷爷想让他继承家族的传统，继续到哈佛医学院深造。但克里斯朵夫不喜欢哈佛医学院。他先选择参加美国的和平军，到非洲国家扎伊尔去教当地民众养了两年鱼，回来后就到佛蒙特大学的医学院就读。他爷爷曾是哈佛医学院的院长，以为自己的孙子没被哈佛医学院录取，很不满意，到学校去质问，才发现自己的孙子根本就没有选报哈佛。

克里斯朵夫有一个青梅竹马的女朋友叫苏姗。苏姗的爸爸是佛蒙特州著名的建筑师，克里斯朵夫家的豪宅，就是苏姗的爸爸设计的。我第一次到克里斯朵夫家做客，看到他家像大宫殿一样雄伟的私人住宅，不禁为之一震。克里斯朵夫家的大房子，面对着佛蒙特最大的湖——香槟湖，香槟湖不及美洲的五大湖大，但也大得很。克里斯朵夫家在湖上有一艘帆船和一艘机动船。他家房子周围的地全都属于他们家，别人根本无法靠近。

苏姗大学毕业后，选择去了印度。她受佛蒙特州的自由西藏组织的影响，选择去达赖喇嘛流亡政府的所在地——达拉穆撒拉（Dharamsala）去旅游。她在那里只待了三个月，就跟一个藏族男子订了婚，而且从那个藏族男子那里传染上了肝炎。她跟克里斯朵夫数年的青梅竹马关系，当然也就一江春水向东流了。克里斯朵夫当然很不服气，曾问我他哪个方面不如那个没有受过多少教育，几乎是一无所有的藏族男子。我当然也不明白，也就没法回答他的问题。

苏姗从印度回到美国后，克里斯朵夫告诉她他有一个中国人室友。苏姗就提出要与我见面。她让克里斯朵夫把她从达赖喇嘛那里搞来的几本书带给我，让我先看看，做好与她辩论的准备。几天后的一个周末，苏姗来了，我必须承认她是一个非常漂亮的女孩，难怪克里斯朵夫对她十分钟情，一直恋恋不舍。但在她温柔的外表下面，却是美国女人那种独特的自信和固执。她咄咄逼人地质问我，为什么中国人要入侵和占领西藏。显然，她对西藏的历史基本上不了解。我跟她讲西藏历史上就是中国领土的一部分，是历史上延续下来的。中国共产党并不是入侵和占领西藏，只是恢复中国政府对西藏的主权。全世界的所有政府，包括美国政府对此都没有异议。她又问我为什么中国人现在不能让西藏人独立，为什么西藏人希望独立而不能独立。我于是问她，如果有一部分美国得克萨斯州的人想独立，一部分美国夏威夷人要独立，你会答应吗？美国政府会答应吗？当然，我没法改变她，她也没法改变我。但在克里斯朵夫这个旁观者看来，我赢了那场辩论。

　　我第二次接触到西藏问题，是来美国后的第一个学期。大约是开学后的一个月，佛蒙特州的自由西藏支部，邀请一个叫彼得·金（Peter Gold）的大学教授来演讲。这个教授在美国中西部的一家学校教书，他从来没有去过西藏。只到达赖喇嘛的流亡地待了一段时间，拍了一些有关藏族宗教活动的照片。佛蒙特自由西藏支部的负责人，一个四十多岁的女性，是那次演讲的主持人。我的研究生导师彼得和我一起走进佛蒙特大学的大礼堂时，那个能容纳一千多人的礼堂已经座无虚席，有的人已经坐在了台阶上、地板上。除了大学里的学生，好多人是附近城里的居民。演讲开始前，主持人做开场白，她说北京的共产主义政府，正在西藏大量地屠杀西藏人，西藏所独有的宗教文化正在被消灭，等等。然后，就是彼得·金的演讲，主要是展示他在印度拍的照片，同时做一些解释。他的演讲在我看来很乏味。

　　演讲结束后，有人问，为什么中国的共产党政府不肯放弃西藏？彼得·金回答说，因为西藏到处是黄金、白银。他故意把黄金和白银的发音拖得很长。就这样一个充满无知与荒唐的演讲，让美国听众像喝了鸡血一样兴奋，我坐在那里感到无助与无奈。我的导师彼得是研究中国历史的，对中国的西藏问题还是有些了解。他对我讲，如果西藏到处是黄金和白银，怎么还会那样穷。

我本来要问彼得·金几个问题,我的导师劝我不要问,因为,处身在这些不很理性的人群中,与其发生争执,那是很危险的。我只好作罢。

第三次接触有关西藏的问题是我从佛蒙特大学拿到硕士学位,又到波士顿读博士学位后那段时间,已经有了在美国两年的生活经验。一天,我在家里一面做饭,一面听着波士顿一家华语电台的广播。那天的节目,是一个西藏喇嘛讲西藏的问题。他在节目中讲,所有西藏人,包括孩子和妇女,都想独立。这个节目是允许听众打电话进去提问题的,我于是就打电话给电台,我问他什么时候离开西藏的。他说他是随达赖喇嘛离开西藏的。也就是说,他已经离开西藏三十多年了。我又问他怎样知道所有西藏人,特别是小孩子都想独立。他说那是很容易就可以想象的。我说这样的问题可以靠想象吗?如果可以想象的话,我完全可以想象所有的西藏人都承认西藏是中国的一部分,中国有悠久的文化和历史,有56个不同的民族,在国际上的地位在不断上升。就在这个时候,电台的主持人说我们不谈这个,时间到了。那个时候美国的华语电台的节目都是有中国台湾国民党背景的。

我第四次接触西藏问题,是1998年,达赖受邀到我就读的布朗戴斯大学对毕业生做演讲。那一次达赖的演讲,布朗戴斯大学看得很重,布朗戴斯和哈佛大学各派出一名女研究生到印度去与达赖沟通。达赖喇嘛也派出一个喇嘛团先期到达布朗戴斯大学做各种各样的法事活动。达赖的演讲门票售价50美元,据说学校要为他的演讲出50万美元。这也可以说是美国政府支持达赖喇嘛集团的一种方式。后来学校里传说,那两个到印度去与达赖喇嘛接洽的美国女研究生,都在短短时间里,跟藏族男子订了婚。这个问题我没法正式确认,但从苏姗的经历看,倒也是完全可能的。

我们中国学生和学者要求学校安排一次中国人和达赖喇嘛的对话。学校跟达赖喇嘛交涉后，他同意了。但参加对象不仅是中国学生和学者，还包括波士顿地区的其他研究中国问题的美国和中国学者。这个对话是关门的，没有记者。这是我第一次见到达赖，很想借此机会问他几个问题。达赖是一个很有欺骗性的政客，他在美国有如此多的粉丝，除了美国中央情报局的宣传、扶持外，也与他的欺骗性有很大的关系。为了消除和中国学生与学者的敌对情绪，达赖的第一句话，很出乎我的意料。他说他是一个社会主义者，毛主席是他的好朋友。1950年，他去北京的路上，对西藏的前途充满疑虑。在北京，毛主席对他像小兄弟一样，他说从来没有一个汉族官员像毛主席对他那样亲切。毛主席和他会谈了三天。只有毛主席和他，外加一个翻译。毛主席还把西藏军区的司令员张国华叫了来，说他派张将军去西藏，不是让他告诉你怎么做，而是去帮助你。你有什么问题，就找张将军。毛主席还告诉他，西藏暂不进行土改，西藏的改革要等到西藏人民和地方政府认为合适的时候再进行。他说从北京回西藏的路上，他对西藏的未来、对中国的未来，充满了希望，因为他亲眼看到毛主席和他的同志们，在为中国人民的福祉，为国家的福祉在夜以继日地工作。

但问题出来了：达赖和毛主席所指的西藏，是两个不同的概念。毛主席指的西藏是达赖和西藏地方政府所直接管辖的地区。而达赖指的西藏是凡有藏人的地方，就是西藏，这就包括四川、云南、青海等藏民地区。毛主席讲西藏可以暂不搞土改。但青海、四川、云南等地还是土改了，包括这些省份有藏族的地区。一些藏族地主的土地在土改中被分给了穷苦人，他们不满意，就

亲历：达赖喇嘛的多面性和西藏问题的复杂性

到拉萨去找达赖。因为达赖曾经告诉他们西藏暂不搞土改。达赖讲他给毛主席写了一封信，谈这个问题。他把信交给了张国华将军。但一直没有得到回信，也不知道信是否转给了毛主席。他于是又写了第二封信，但结果和第一封一样。

我想达赖喇嘛给毛主席写信的事是可信的。张国华没有给毛主席转信也是可能的。中国人民解放军是穷人的队伍，解放军的战士都是穷人，他们肯定想帮助西藏的穷人。可是按照当时的政策，当农奴跑到解放军那里求救，解放军不能收容他们，得把他们送回他们的主人那里去。我想解放军的官兵肯定不理解，肯定要问为什么不能解放这些受压迫的农奴兄弟。解放军的政工干部肯定也没法回答这些问题。可以想见，解放军的官兵从内心讲，希望达赖集团叛乱，他们如果叛乱，解放军就有理由平叛，就可以解放西藏的农奴。可以说，西藏后来的发展也基本上是这样的。在当时，搞一国两制是很难让解放军指战员口服心服的。最后，达赖一伙终于在美国中情局的挑唆与诱惑下，误判政治历史形势，最终走上叛乱之路，一条背叛祖国的绝路。

达赖喇嘛讲，他当年要到印度去参加释迦牟尼诞生二千年的纪念活动。张国华将军曾建议他不要去，担心他受中情局和蒋介石特务的挟持。后来，毛主席说达赖喇嘛是西藏地方政府的首脑，当然有去印度参加宗教活动的自由。达赖喇嘛想开车从陆路去印度，而张国华将军则建议他乘飞机去，躲开在中印边境积极活动的美国中央情报局和国民党特务。最后也是毛主席告诉张国华将军，不要干涉达赖喇嘛的自由，他作为西藏地方政府的首脑，应该有选择交通工具的自由。这里可以看出张国华将军为达赖喇嘛的安全担忧，也可以看出毛主席对达赖喇嘛的尊重和信任。

达赖喇嘛在印度期间，确实受到亲西方势力和美国中央情报局的蛊惑，想留在印度。当时正在印度访问的中国外交部长陈毅元帅，曾为此与达赖喇嘛有过一次很有趣的对话。陈毅对达赖喇嘛说，他在西藏是高山上的雄狮，有威、有权，受人尊敬。他如果留在印度，就会变成平原上的一只狗，失去了威权，再没有人尊重。达赖喇嘛对陈毅元帅的这种观点很不以为然。他说他就想留在印度，想证明给陈毅将军看，他即使留在印度，也不会成为平原上的一只狗。他后来向同在印度访问的周恩来总理，抱怨陈毅元帅的说法。周总理告诉达赖喇嘛，陈毅是军人出身，喜欢直来直去，不要把他的话往心里去。

不幸的是，陈毅元帅的话最后成为现实。达赖喇嘛逃离西藏后，确确实实地成了平原上的一只狗，甚至一条丧家之犬。他可能觉得自己在世界上颇有兴风作浪的本领，其实也不过是靠美国中央情报局和西方的反华、反共势力的施舍苟活而已。达赖喇嘛自己已经公开承认，他每年从中情局那里领取生活津贴50万美元。当然，美国人和其他反华反共势力的钱是不能白花的，那是要付出代价的。

达赖喇嘛讲他当时还很年轻，他对西藏农奴的处境也很同情。但他知道他周围的那些既得利益集团，是不会容忍他改变西藏现状的。他很想与共产党人合作，来改变西藏农奴的命运。达赖喇嘛作为西藏的宗教领袖，其实是西藏的统治集团和既得利益集团手中的傀儡。作为一个佛教领袖，他有帮助西藏农奴的想法是可能的。但他始终没有选择和西藏的农奴站在一起，始终和西藏的既得利益集团站在一起，妄图阻挡占西藏人口90%的西藏农奴的翻身愿望，所以最终也只能被西藏广大的农奴所抛弃。达赖喇嘛在西藏历史上最重要的一个历史关头，做了错误的选择，最终也

亲历：达赖喇嘛的多面性和西藏问题的复杂性

只能被西藏的历史、中国的历史所抛弃，终生过寄人篱下的生活。

达赖喇嘛简短叙述了他离开西藏的经过后，就让大家问问题。我立即举手，说我有两个问题。我读了你的书，读了你的演讲文稿。你总是说你是西藏的一个普通简单喇嘛。但你每次出行，都是成千上万的藏军和随从前呼后拥，请问像你这样的普通、简单的喇嘛，西藏有几个？

第二个问题，你的书中，你的演讲中，从来没有提及西藏的阶级问题。西藏有没有阶级？西藏的穷人有没有从共产党的土地改革政策中得到好处？

我的问题很尖锐，但达赖喇嘛对我微笑以待。他说把自己说成是一个简单、普通的西藏喇嘛，是因为美国的读者不了解西藏的社会制度，那样更能让美国和西方的读者接受自己。当然中国人马上就知道，我不是一个简单和普通的喇嘛。

第二个问题，西藏当然有阶级。西藏广大农奴都是拥护共产党的，共产党之所以能够顺利地进入西藏，就是西藏的农奴欢迎共产党，他们给解放军带路，领着解放军进入西藏。我离开西藏后，西藏的农奴在共产党的民主改革中分到了土地、房屋和牲口，这是一个根本性的问题，这就是我今天回不了西藏的主要原因。不是北京政府不让我回西藏，而是西藏的穷人不可能让我回去。因为他们不想把他们分到的土地和牲口交出来，他们也不想把他们获得的权力交出来。跟我一起离开西藏的那些既得利益的人，他们也不是仅仅想要他们的宗教自由，他们想要回他们失去的土地和牲口。西藏的问题是一个很复杂的问题关键就在于此。

达赖喇嘛的坦承，可以说让我口服心服。当没有记者在场的时候，他可以完全开诚布公，毫不掩饰自己的见解。他对西藏问题的看法，基本上是中肯的和正确的。他在公开场合所讲的话，我认为主要是寄人篱下的无奈和受人豢养所不得不做出的姿态，不然他何以为家、何以存活？中国政府、中国人民，要理解他的处境，或许可以让他在一定的条件下回到北京，让他在自己的祖国颐养天年。这样可以让他摆脱被西方反华、反共势力的摆布和影响。达赖喇嘛有了安身立命之所，就会让那些想利用他达到他们不可告人之目的的人失去利用他的机会。

我第五次跟达赖喇嘛的人接触，也让我很开眼界。2005年我到芝加哥参加亚洲学会的年会，在那里我遇到我的新朋友拜瑞·苏特曼。当时我还不知道他是一个大名鼎鼎的西藏问题专家。他听了我的演讲后，我们互相介绍认识了，他问我能否去为他的演讲捧场，我很高兴地答应了。第二天我去了他演讲的地方，发现会议给他们安排了一个较大的演讲厅，能容纳二三百人。主持会议的人是发表过《当代西藏的诞生》的汤姆·格兰费尔得教授，主要演讲者除了拜瑞外，还有麦尔温·古得司顿教授，他著有《现代西藏历史1913—1951：喇嘛教国的灭亡》一书，也是西藏研究领域一个大名鼎鼎的人物。第一个演讲的是古得司顿教授，演讲的题目是"西藏人口在过去三十年的增长"。古得司顿教授显然在西藏做了大量的田野调查，他用有力数据证明，西藏的人口在西藏的民主改革以后明显增加，这与达赖喇嘛和西方反共、反华势力所做的中国共产党在西藏进行种族灭绝政策的宣传完全相反，让我耳目一新，看来西方还有敢讲真话的学者。我心里正这样思忖着，听众席上突然爆发出一片嘘声，好多人大喊"这是谎言""他在撒谎"。我回过神来，简直不敢相信这是发生在一场严肃的学术会议上的事情。

主持人格兰费尔得教授不停地喊"请安静"，但那些人根本不理会他的忠告，继续大声喊叫。在这个时候，我情不自禁大吼一声，声音大得连我自己都不敢相信，我说都不要喊，让演讲者把话讲完。那些捣乱的人，被我突如其来的一喊给镇住了，他们安静下来了，古得司顿教授又可以继续演讲了，可是刚讲到他调查过的村子有30%的人口增长，那些人又开始喊撒谎，那不是真的。我站了起来，问你们是什么人？你有什么权力说别人的研究结果是谎言？她们说我们嫁给了西藏男人。这个时候我才注意到相当一部分听众是白种女人，人数不下一百。因为她们的不停捣乱，主持人只好宣布休会。

休会后听众大部分站了起来，慢慢走出演讲厅。我也站了起来。就在这个时候，一个美国教授走了过来，他挑衅性地用手掀了一下我戴在胸前的名片，然后就走开了。我跟在他的后面，问他为什么要掀我的名片。他说他想知道我是否中国政府的特工。我说你掀我的名片卡，我没有说你是美国中央情报局的特工，你凭什么怀疑我是中国政府的特工？他说美国是一个文明的社会。我问他什么意思，是否想说中国人不文明？我说你少跟我来种族主义这一套。美国的文明我并不是没有领教过。他马上意识到自己说错了话，犯了一个不可饶恕的政治错误。

他连忙说他是好意，只是想教我如何在美国做人，他说在美国你是不可以喊叫的，比方说见到坏人犯罪，你只能让警察来管，作为路人你是不能管的。我说我并不想喊，但是那些捣乱的人不服警察管，我是没有办法才站出来维护我作为听众的权利的。他又说如果我朝着男人喊，他不会有意见，但我叫喊的对象都是女人，所以我做的事还是不妥。我问为什么不能对女人喊？他说因为女人软弱。我紧追不舍，问他何以知道女人软弱。他说他练过武术，女人武术不如男人。我说这就是你认为女人软弱的原因。我说我也练过武术，在中国我能找到很多练武术的女士，可以轻而易举地揍扁你。我和他针锋相对的辩论让他措手不及。我相信他未曾遇到过我这样的中国人，我对他的反驳会让他终生难忘。

从芝加哥回家的第二天，我就收到了那位跟我急辩的教授长达两页的电子邮件，我才知道他在明尼苏达州的哈密林大学教书，他一再表白他没有恶意。他说他曾经因为关注和捍卫人权问题，被韩国和中国台湾的治安人员递解出境，也曾被人骂过是犹太人，等等，但从来没有被人指责过是种族主义者。他说他如果有恶意，他就会给我们的院长写信，让我丢掉工作。还说他认识我的导师戴瑞富，也认识我导师的导师费尔德曼，如果他有恶意，他也会给他们写信。

我回信说，我自己决不会像他那样傲慢地到处去关心别人的人权。我说他被自己的傲慢迷住了眼，明明是一个种族主义者却不自觉。我告诉他，我回来后的第一件事就向我的院长报告了在芝加哥发生的事。而且我还把芝加哥的经历都讲给了我的学生听，让他们从中学到什么是傲慢、什么是偏见。所以我并不担心他写信给我们的院长，也不担心他写信给我的导师和导师的导师。我说他们对我的性格和脾气都是很了解的，绝不会对我所做的一切感到意外。

他收到我的电邮，又回了一次电邮，说明他的确没有恶意。实际上我一直知道他没有恶意，但问题是他的确很傲慢，因为他和许多西方人一样，认为自己是别人的救世主，认为自己是正义的化身，所以有权到处教训别人。他们敢这样做，其中也有我们一部分责任，整个第三世界国家的人民都有一定的责任。我们的崇洋媚外，让西方人认为他们有做我们救星的资格，让他们认为他们可以对我们傲慢和放肆。如果我们对他们的傲慢和偏见，做出针锋相对的抗辩，他们绝不敢继续放肆下去。我可以肯定哈密林那位教授再也不敢在另外一位中国人面前放肆了。

我后来从另外一位美国研究西藏问题的教授那里得知，那一批白人妇女，基本上把拜瑞和古得司顿教授封杀了。她们专门到这几位教授演讲的地方捣乱，让他们讲不成。这就是美国的言论自由，这些人都受到达赖喇嘛的支持。

我作为中国人在美国教国际政治、中国政治、东亚政治、第三世界国家政治等课程这么多年，几乎每个学期都有学生就西藏问题向我发问。他们问的问题，说明他们对西藏历史和文化传统所知很少。只要稍微加以解释，他们就比较明白西藏问题的复杂性。他们问西藏为什么不能独立。我问他们是否知道世界上没有一个国家承认西藏是一个独立的国家，包括美国政府。大多数美国学生竟然不知道这一点。我问他们是否知道一个国家作为一个独立国家的条件。那就是，至少有几个大国肯承认那个国家是独立的。为什么没有一个国家承认西藏是一个独立的国家，就是因为西藏从来就不是一个独立的国家。

达赖喇嘛说中国政府在毁灭西藏文化。我告诉我的学生，世界上所有的文化都是在不断地自我更新。这种更新有的时候是缓慢的，有的时候是剧烈的，有的时候是自觉的，有的时候是不自觉的。从某种意义上讲，每种文化发展和更新的过程，也是一个自我否定的过程，或者不如说是一个自我毁灭和重生的过程。无论这种过程的结果是好还是坏，都是不以人的意志为转移的，是不可抗拒的。达赖喇嘛与西藏旧制度的既得利益集团，想借维护西藏的旧文化、旧制度来维护他们的既得利益，是可以理解的。但是他们的努力只能是徒劳的，是不会受到广大的西藏下层人民所认可和接受的。我问我的学生，在讨论西藏问题的时候，我们应该站在达赖喇嘛和他的一小撮精英人士一边呢，还是应该站在占西藏人口90%的西藏的穷苦大众一边？这是个很严肃的问题，值得每个人深思。中国共产党能够在中国胜利，在西藏胜利，归根到底是因为中国共产党代表的是那些穷苦大众的利益。

我任教的大学里，有一个在印度出生的西藏人，他和一个美国白人结婚，来美国读了博士，现在他在我们学校教佛教和西藏文化。2010年春，他申请到中国的签证，没有得到批准，为此他非常不高兴，跟学生和同事讲中国政府没有公平对待他。一些不明就里的美国学生就在我的课堂上质问我为什么策伦教授得不到去中国的签证。我告诉他们，中国政府作为主权国家，完全有权决定让谁到中国，不让谁到中国去，中国政府不需要解释为什么。我又问他们是否知道，每天有成千上万的外国人，包括中国人，申请到美国的签证，也被美国政府拒绝。为什么中国政府拒绝一个印度出生的西藏人的签证，就成为一个问题呢？

西藏的问题之所以复杂，主要是有美国政府和美国中央情报局插手。中国有55个少数民族。其中53个与汉族同胞和平共处，相安无事，两个出现问题的少数民族都是因为有境外势力插手。在这关系到国家安全的大事上，中国政府要有大智慧、大胆量，迫使美国和西方放弃干涉中国内政的图谋，如果它们执迷不悟，那就要让它们付出足够的代价，要让它们知道损害中国核心利益是要承担后果的。

在西藏问题上，可以说时间是在中国这一边的。达赖喇嘛所剩时间不多了，他兴风作浪的能力会越来越小。西藏的问题，归根到底是西藏人民的问题。只要西藏大多数藏族同胞能安居乐业，那些想在西藏搞分裂的人就没有市场。

（本文原载北京大学《北大马克思主义研究》，2013年）

中、美国家在经济生活中的职能比较研究

研究国家在经济生活中的作用，是政治经济学的范畴。实际上，政治和经济是无法分开的。研究经济的人无法离开政治，离开政治的经济，是真空中的经济，实际上是不存在的。任何现代国家的经济都是在国家主导下的经济。一个正常国家的经济发展政策都是根据其国家利益的需要制定的，都是为国家利益服务的。对国家在经济生活中的职能的研究，只能在这样的前提下进行。从这个视角来看一个国家的经济理论与经济手段，就没有对与错、先进与落后之分，而只有是否真正服务了国家的根本利益之分。本文主要从理论层面就自己多年的观察与研究对美国和中国政府在经济生活中的职能谈一点看法。

一 美国国家在经济生活中的职能

中国在改革开放之初，提出一个口号叫"党政分开，政企分开"，认为这样有益于经济发展。据某些经济学家说，资本主义国家的发达，都是因为没有政府干预的结果。这如果不是别有用心，至少也是对西方资本主义社会的不了解。西方资本主义国家对第三世界国家的殖民主义控制与掠夺，都是在国家主导下完成的。西方列强之所以能对第三世界国家殖民，就是它们有比较强

大的国家参与，而当时的殖民地没有强大的国家政权，是一盘散沙。英国、美国和其他西方国家的强大，不是靠它们所说的西方先进的经济管理理论，而是靠其国家主导的有计划的军事和经济政策和行动。早期的美国为了保护北方的新兴民族工业，对进口工业品实行高关税政策，为此不惜与南方的农业州打一场内战。美国当时采取高关税政策，因为那是最能服务当时美国国家利益的政策。今天美国不再实行高关税政策了，是因为美国已经不再需要高关税的保护了，是因为今天美国的国家利益需要的是不断打开别国的市场，但这不等于第三世界国家也不需要高关税保护自己的民族工业了。对美国好的政策，并不一定对第三世界国家好，不一定对中国好。美国政府为了其国家的经济利益，多次使用武力推翻主权国家的合法政府，包括民选的政府。光是在中美洲，就达十一次之多。[1]

谁能说美国国家干预经济生活少？美国政府参与经济生活的方式，是国家在经济生活中能干预的最高形式。

另外，许多中国经济学家认为，美国及其他西方国家是市场经济，其实世界上不存在纯粹的市场经济。美国各大跨国公司的经济，是计划的还是市场的，就很难说清楚。我有个朋友在美国的IBM公司上班，他告诉我，IBM的经营运作模式，跟中国的国有企业就很相似。它的成功主要靠对市场的垄断来实现。美国国家经济的总量大约是10.5兆美元。美国的各级政府花费占其国民经济总产值的50%—55%。这由政府支配的50%还要多的经济总量，不是计划经济又是什么？

---

[1] LaFeber, Walter：《不可避免的革命：美国在中美洲》(*Inevitable Revolutions: The United States in Central America*) (New York: Norton, 1983)。

美国政府主导的教育系统

一个国家的教育与其经济发展水平休戚相关。美国政府在其经济发展中的职能,从美国政府主导的教育系统最能看出。美国的公立学校教育经费,大都来自房地产的税收。对适龄儿童都是全部免费的,校车免费接送学生,课本都是免费提供。低收入家庭的学生还可以享受免费午餐,这些应不应该算作计划经济的一部分?这种从幼儿园到高中毕业的名副其实的全民义务教育,都是国家主导的。大学教育国家主导部分也是非常重要的。美国的公立大学收费非常低,往往只有私立大学的十分之一。原因是州政府的拨款往往是公立大学的主要经费来源。[①]而且,美国的许多州,都有一所州立大学是真正意义上的开门办学,只要学生申请,学校就得接受,不管他们在高中的学习成绩如何,以及他们有无交付学费的能力。没有经济能力的学生,州政府的贷款就可以支付学生的学费。笔者曾在一所这样的公立大学教过书,学生中就有父母是芝加哥的无家可归者,真正是上无片瓦,下无立锥之地,他们靠州政府的贷款念大学。学校当局只能在州政府法律允许的范围内限制学习成绩不好的学生,如有两门功课成绩在 D 以下,学校就有权辞退学生。

美国联邦政府有许多教育贷款,支持低收入家庭学生。联邦政府的贷款是福利性的,往往利息较低,而且学生在上学期间,无须偿还,学生家长必须是低收入者才能得到这种贷款。此外,美国联邦政府和州政府的法律,允许许多私人为教育事业捐款抵

---

① 如在笔者执教的北卡罗来纳州,州政府每年为每一个录取的本科生支付八千多美元的学费补贴。这还不包括其他方面的补贴。2004 年的新生,每人还发一个笔记本电脑。

税，这样，许多本来可以成为联邦政府和州政府财政收入的钱，都流入教育和其他的事业单位。据说，全球大学的首富——哈佛大学每星期收到的小额无名捐款，就达五百万美元之多。[1] 笔者在美国读书时就曾多次得到由私人捐款成立的各种基金会的无偿资助。[2]这种看上去是私人行为的现象，实际上是政府主导的教育参与，因为如果政府不立法给捐款人各种免税优惠，私人捐款很难会有这样的规模，而政府就可以有更多的财政收入。

美国政府主导的研究与开发

一个国家的经济发展与该国在新产品的研究开发领域的投入关系极大。美国政府在研究开发新产品方面的投入，也是起主导作用的。联邦政府通过政府设立的科研奖学金，支持大学里的实验室进行各种尖端科学研究和新产品的开发。美国大学的实验室相当多的一部分是靠国家经费支持的。除此之外，因为政府的免税优惠，美国各个州都有无数的私人基金，支持不同的科学实验，最终大都用到新产品的研究开发上。[3] 20 世纪 90 年代初，日本的一些金融机构大量购买美国的标志性房地产，如哥伦比亚电影制片厂等，引起美国精英的疑心与不满，在美国社会刮起一阵贬日风潮，美国学者出书，拍电影，攻击日本政府违反传统的资本主义的经营、竞争规则。[4]在这些美国学者眼里，国家在经济生活中的作用应该是裁判的角色，而日本政府在经济生活中扮演的却是教练的角色，为企业出谋划策，协调企业的投资和产品研究

---

[1] 笔者有一位朋友曾在该办公室上班。
[2] 笔者曾得到一家私人基金 Spencer 基金的两万美金的赞助。在此再次致谢。
[3] 纽约州就有上万家私人基金。
[4] 这当中最典型的莫过于纪录片系列——《亚洲世纪》，该系列共十集，第六集《日本公司内部》专讲日本的不公平竞争问题。

开发战略等。事实上，美国政府在美国经济生活中的作用和扮演的角色，从来就不仅仅是什么裁判的角色，而是重要的参与者和教练。裁判只是其扮演的角色之一，而且是最不重要的角色。

即使美国政府在经济生活中扮演的角色仅仅是裁判而已，那是美国政府的事，与别国无关。商场如战场，你有你的战略，我有我的打法。美国没有理由要求日本政府按照它的游戏规则操作。但美国又是世界超霸，它在日本驻军，日本只好屈从美国的要求，做一些改动，来敷衍美国的要求。但是这样一来，日本的经济就受到许多负面影响。从20世纪90年代初到现在，日本经济已经萧条了二十几年了。

美国政府主导的农业经济

美国的农业经济从业人口只占美国人口的2%，而其农业产值只占其国民经济总量的1%。但美国的农业，像其他发达国家的农业一样，是全靠国家的大量补贴来维持的。美国的农民一个人往往耕种上千英亩土地，[①]比中国一个村子的土地还要多。这样大规模的耕种，全靠高投入来实现。美国农民一年一般只种一季，如中西部的农民只是玉米和大豆轮作。美国的玉米每英亩的产量在150到300普世耳。[②]而在美国的期货市场上，每普世耳玉米的价格往往只有1.5美元。即使在年景最好的情况下，美国农民种一英亩的经济毛收入，也只有450美元。而美国农民光买玉米良种，每英亩的花费就是300美元。还有其他投入，如化肥、农药、柴油、机油、联合收割机的分期付款和拖拉机的分期付款

[①] 每英亩相当中国6市亩。
[②] 每普世耳合50磅左右相当于45市斤，因粮食比重而异。

等。一部大型联合收割机的价格是 10 万—15 万美元，十五年期分期付款利息就是 30 万美元，每年连本带利就是 2 万美元。如果没有国家的大量补贴，美国农民每种一英亩玉米，就得赔 300 美元。美国农民能够生存，归根结底，就是依赖于政府每年的大量补助。

除了大量政府的补贴外，美国政府还利用其霸权地位，为美国农民开辟第三世界国家市场。美国政府补贴的廉价玉米进入墨西哥，墨西哥的农民遭受沉重打击；美国的谷物进入中国市场，使中国的粮食价格多年萎靡不振，让农民收入大打折扣。中国现在出现所谓的"三农"危机，其实与美国粮食进入中国市场有很大的关系。[1]

美国政府主导的社会福利制度

美国政府在社会福利方面的投入也是巨大的。美国政府主导的福利主要有社会保障基金。这是由政府推行的一种强制性社会保障基金，有劫富济贫的性质，但是这种劫富济贫的性质是隐性的，所以，许多美国人往往没有意识到。具体操作办法是，政府要求雇主强制性地从工人的工资中扣除 6.5% 的社会保障基金税，雇主再支付同样比例的社会保障基金税。这样，每个工人每月就有相当于其 13% 的工钱存到了其社会保障基金里。当工人到了 65 岁的退休年龄，国家就会发给他们社会保障基金。[2] 社会保障基金的多少是根据工人退休前的工资多少决定的。如一个工人退休前的工资是 4000 美元，其中的第一个 600 美元，他可以拿到

---

[1] 笔者从事中国农村经济研究多年。此问题近来也颇受国内媒体关注。
[2] 因为社会保障基金有入不敷出之虞，现在的退休年龄正在慢慢提高。另外，工人也可以延迟两年退休。如 67 岁退休，其退休金就相对高一些。

90%，600美元以后的第一个1000美元，他可以拿到60%，第二个1000美元就要递减到更低的比例。因为工人所交的社会保障基金的比例是一样的，而拿回来的社会保障基金却是递减的，所以低收入的人拿回来的钱要比他们投入的钱多，而高收入的人拿回来的钱要比他们交进去的钱少，这样就使本来收入就低的人退休后的经济情况比较好一点，而收入高的人，退休后的收入除了社会保障基金收入外，还有其他的各种收入，他们的经济状况仍要比低收入的人好很多。一般情况下，有十年以上工作经历的工人，到退休年龄时就可以享受社会保障基金。那些从来没有工作过的人，如果丈夫或妻子工作了，他们也可以享受社会保障基金。

除社会保障基金外，美国政府主导的社会福利计划，还包括失业保险。失业的工人，可以享受两年的失业救济。那些没有工作的人，特别是有孩子的人，都可以每月从政府那里领到社会救济金。往往有些单亲妈妈不需要工作，就靠社会救济生活。美国有些人认为，这些人滥用社会救济金。其实，这些人是美国社会的受害者，他们没有一技之长，找不到工作。社会救济金勉强使他们免受饥寒，但他们的生活质量很差，被人看作社会渣滓，他们自己也失去做人的自信与尊严。笔者刚到美国时的邻居两口子，就是靠社会救济金度日。他们有四个儿子，最大的十一岁，最小的一岁。夫妻俩都不识字，男的会开车，女的连车也不会开。我们住在那里的时候，女的正想学开车，因为不认字，得请别人把驾驶员守则念出声，她用录音机录下来反复听。他们夫妇每天坐在承租的房子前的凉台上喝啤酒。三个大一点的孩子，就在街上跑着玩。他们家的老大和老二经常到我们家喊饿，希望我们给他们一些自家做的中国馒头吃。他们家是美国社会里没有希望的群体之一，跟他们做了一年的邻居，我们对美国社会有了很深的认识。当我们要搬走时，那位女邻居开玩笑，请我把她和她的孩子也带走。美国社会的许多问题都是由这种看上去人道，实际上很不人道的社会经济政策造成的。政府本来可以给这些人提供工作，以工代赈，但因为资本主义制度需要保持一定的失业率。不然的话，资本家就不容易找到廉价的工人。

美国政府还为低收入孩子和 65 岁以上的老人提供医疗照顾。① 美国的医疗费用非常高，看一次医生几百美元，住一天院上千美元。各种各样的化验检查费用，还有药费加起来数额不菲，所以，在美国生活必须买医疗保险，不然生病是很容易让一个人或家庭倾家荡产的事情。受雇工作的人，雇主一般帮他（她）支付保险费中的一部分。也有产业比较小的雇主没有能力为其工人支付医疗保险计划。在美国，没有医疗保险的人口有 4000 多万，相当美国人口的 1/7。这些人生病看不起医生，就只好看急诊。按照美国法律，美国医院不能将急诊病人赶出医院。最终，这些医疗费用都得由美国政府承担。因为美国低收入家庭的孩子享受美国政府的医疗照顾，所以有些美国医生对这些人收费往往超过应收的标准，所以美国政府还得想法阻止医生的欺诈行为。医疗费用占美国经济总量的 13%—14%，这其中相当一部分是由政府主导的。

总而言之，美国的经济绝不是中国有些学者所说的那样，是所谓的市场经济，美国政府在经济生活中的作用不是有些人迷信的那样，不是袖手旁观，也不是"看不见的手"。美国经济有相

---

① 为贫穷家庭提供的医疗照顾叫 medicaid，而为 65 岁以上的退休人士提供的医疗照顾叫 medicare。

当比重的计划成分。美国的政府在其国家的经济生活中所发挥的作用向来是主导性、决定性的。只是这种作用具有美国特色，有时候是隐性的而已。那么，为什么美国政府和美国控制的国际货币基金组织，以及美国的大学教授和学者，几乎众口一词地推销所谓私有化、政府停止干预经济等理论呢。道理很简单，这样最符合美国的国家利益。美国的各大跨国公司，就等着第三世界国家的私有化为他们创造进入该领域的机会呢。如果第三世界国家退出经济领域，不采取保护主义措施来保护本国的企业，不组织领导本国经济命脉，那美国强大的跨国公司，就可以如入无人之境，打垮第三世界国家可能的竞争对手，使自己永远立于不败之地。商场如战场，虚虚实实。如果你吃了亏，上了当，你不能怪美国人不老实，只能怪自己天真和无知。或许第三世界国家唯一能做的就是"吃一堑，长一智"。怕的是，吃无数堑，也没有长一智。

二 中国政府在经济生活中所起的作用

众所周知，中华人民共和国国家和政府在新中国成立后的头三十年里，实行的是计划经济，是大规模的政府干预。对于新中国成立后前三十年的计划经济所取得的成绩，后几代中国政府领导和文化知识精英持的是彻底否定的态度。他们见到了政治运动及其造成的粮食短缺，看到了日本、韩国、新加坡、中国香港、中国台湾等国家和地区取得的经济成长。他们认为，中国政府如果采用相同的经济政策，就会取得相同的结果。本文作者生长在农村，受益于共产党领导的社会主义制度很多，丝毫没有不拥护社会主义制度的理由。但1977年考上大学后，在当时的社会大环境、大气候下度过四年的大学生涯和三年的研究生生涯，居然头脑里留下了一个顽固的念头：如果中国的领导人有日本政府和"亚洲四小龙"政府那样的智慧，也采用资本主义的市场经济该有多好。那样，中国人民也就可以过上富裕的生活了。由此可见，当时的中国政府和中国的知识精英对中国青年人的洗脑是多么高效率，多么彻底。如果是美国政府、美国的教授要想让我接受这样的观念，我无论如何也不可能就范。在这一点上，当时的中国政府和中国的知识精英做到了美国政府、美国的知识精英，或者任何外国政府和外国知识精英无法做到的事情。历史就是这样具有讽刺意义。

更具讽刺意味的是，只是到了美国之后，我才开始真正意识到毛泽东等老一辈革命家的智慧和远见。在美国，我看到了从没有见到过的富有。有钱的人家，二三口人住着四五百平方米的大房子，院子有几十亩大，二层楼的房子居然还有电梯，有室内游泳池和室外游泳池，有网球场和篮球场。厨房里的墙上挂着花十几万美元从非洲猎获的各种野生动物的头角。因为我儿子得到一份私立小学的奖学金，让我有机会在参加儿子同学家长举办的圣诞晚会上，看到那些美国有钱人是怎样生活的。但任何人都可以看到美国社会中的另一面，成千上万的无家可归者，和那些靠社会救济生活，被有钱人视作社会渣滓的人，还有那4400万没有医疗保险的统计数字，和4000多万每天都在饿肚子的统计数字。①

美国的人口统计数字是2.8亿，约占世界人口的5%。但其监狱人口却有220多万，约占世界监狱总人口的25%，除此之外，还有200多万犯罪嫌疑人在逃，和200多万保释在外的犯罪

---

① 这些都是美国政府的统计数字。

人口。总共有600多万的人与法律有麻烦，占总人口的2%。而占美国人口11%的黑人，占这些与法律有麻烦的人的70%。

一个世界首富的国家，居然有如此多的人饿肚子，有这样多的人活得那样悲惨。任何一个有正义感、有良知的人都不会无动于衷。有一天，我的很有钱的房东问我对美国社会的看法，我直截了当地回答说我很失望。他问为什么，我说一个如此富有的国家，却有这么多的无家可归者和饿肚子的人。我说那些无家可归者，那些靠社会救济度日的人，实在不如中国农民过得好。那位阔房东对我的看法很意外，从此我们的谈话就没有投机过。等租约到期，他就不再续约，我就只好搬出来重找出租屋。

中国共产党于1949年新中国成立以后采取的基本上是国家主导的经济建设政策。在农村，共产党政府实行了或许是人类历史上最彻底的土地改革，实现了"耕者有其田"。把农民彻底地从封建地主的桎梏中解放出来。此后，为了使得到土地的农民不再失去土地，并且高效率地使用土地，共产党政府又在全国范围内推行农业合作化运动，从互助组、初级社、高级社到人民公社，曾经为一盘散沙、毫无组织、毫无生活保障的中国农民，真正实现了从原始落后的生产方式往现代的农业生产和管理方式过渡。毛泽东领导下的中国政府通过一系列革命化的措施，使占中国总人口80%的农村人口，包括边远地区的农村人口，普及了小学教育、初中教育，到20世纪70年代末，有的地区已经开始普及高中。作者本人的家乡山东省即墨县，到1976年已有高中89所，平均每公社有高中3所，而以前该县只有1所高中，有初中240多所，平均每4个村子就有1所联办中学，而该县以前只有初中10所。[①] 农

[①] 参见《即墨县志》，第695—706页。

村的医疗卫生事业，在集体化的框架下，也取得巨大的进步，实现了村村有合作医疗站，各个公社有自己的卫生院，县人民医院低价为工农提供医疗服务。农村缺医少药问题，在"文化大革命"后期基本解决。中国人民的平均寿命从新中国成立初的35岁，增加到改革开放之初的69岁，领先与自己起点差不多的印度15岁。中国这样巨大的成就，基本上是在没有什么外援的情况下取得的。而印度却收到60亿美元的外援，在同一时间里，中国还为第三世界国家提供了约60亿美元的无偿援助。中国坚持独立自主的发展政策，坚持走自己的路，让西方学者耳目一新。许多联合国的发展问题专家，称中国为第三世界的样板，是人类的希望。可中国的精英却不以为然，他们坚持认为西方学者上了中国政府宣传的当，不了解中国的实际情况，他们硬要彻底否定中国人民在共产党、毛泽东主席领导下取得的伟大成就。[1]

为什么毛泽东后的中国政府和中国的知识精英会如此刻薄地诋毁毛泽东和他的战友们三十年奋斗取得的成就呢？把一盘散沙的中国农民组织起来容易吗？在一穷二白的中国大地上建起粗具规模的国民经济体系，让人口众多，饱受饥寒的中国人民得到温饱容易吗？可中国的知识精英们认为毛泽东和他的战友们所取得的成就没有什么了不起，他们觉得，从人均国民生产总值来看，中国当时人均只有300美元，实在可怜得很。

可是，用人均国民生产总值作为一个国家的发展水平衡量标准，现在看来是多么肤浅和荒唐。美国的人均国民收入很高，每人达3.6美元，但对那些成千上万的无家可归者，对4000多万

---

[1] 参见 Suzanne Pepper,《激进主义与二十世纪的中国教育改革》(*Radicalism and Educational Reform in 20th Century China*)（纽约：剑桥大学出版社1996年版）。

每天饿肚子的美国公民,对4000多万没有医疗保险的美国人,这么高的人均收入又有什么意义?中国的人均收入,在过去20多年有了很大的增长,从300多美元,增到1000多美元。大城市里,高楼林立,汽车多得塞路,成为一个新的问题。可是对那些交不起学费的农民子弟,看不起病的农民,成千上万的下岗工人,人均国民收入的提高又有多少意义?所以,不能简单地用西方国家根据它们的利益制定出来的衡量发展的标准来衡量中国和其他社会主义的发展成果。而应该用适合我国自己情况的发展标准,因为,社会主义国家本来就不是以追求单纯的经济增长为目标的。社会主义国家更注重公平合理,更注重建立一个没有剥削、人人安居乐业、比较平等、犯罪率低、各种社会问题少的社会。这绝不是有些人说的乌托邦,而是完全可以实现的目标,而且是一个值得追求的高尚的目标。中国共产党人和中国政府能在新中国成立后头30年,在极其困难的国内、国际环境里,取得如此巨大的成就,让全世界注目,原因之一,就是因为他们追求的是这样一个高尚的目标。因为有这样的高尚目标,中国共产党的党员干部,就相对清廉得多。也带动中国社会的优秀分子,为他们的高尚目标无私奉献。这就是为什么毛泽东时代,中国是英雄辈出的时代;这就是为什么那个时代能出雷锋,能出欧阳海、门合这样的解放军英雄,能出郝建秀、倪志福这样的劳动模范,还有张富贵、陈永贵这样的农民领导人。

　　许多中国的知识精英们没有用辩证的方法看待中国的发展问题。他们看到美国支持的日本、韩国、新加坡、中国台湾,经济发展较快,就以为如果中国采取同样的经济手段,就可以取得同样的结果。他们不知道,美国扶持韩国、新加坡、中国台湾,完全是处于冷战时期围堵中国的需要。从某种意义上讲,是社会主义中国的存在，导致了日本和"亚洲四小龙"的经济增长，因为美国向这些国家开放市场，为此付出了巨大的代价，美国不可能以同样的方式向中国开放市场。中国太大，从地缘政治角度来看，美国将是竞争对手，而不可能是战略伙伴。这也是不以人的意志为转移的。西方国家的好多财富，是靠侵略和掠夺广大第三世界国家得来的。中国不可能，也不愿走这样的路。中国因为历史的原因，人口众多，土地资源和自然资源相对少，又受西方帝国主义多年掠夺。我们的国情如此，我们要走的发展道路，不能脱离这个国情。

笔者在一次国际学术会议上指出中国日益扩大的贫富差距问题，以及这个问题对中国社会的长治久安的潜在威胁。人民大学一位教授很不以为然，他说农民和下岗工人应该满意。以前他们只能吃到一个饼子，现在能吃到两个饼子了，应该知足，不应该看到别人吃到五个饼子而眼红。问题是，说这种话的人民大学教授是吃到五个饼子，甚至是20个饼子的人。作为既得利益者，他们这样看待中国的贫富差距，一点也不奇怪。如果他们也属于只吃到两个饼子的群体，他们也绝不会因为自己以前只吃一个饼子，现在吃到两个饼子而心满意足，不在乎别人吃到五个饼子，或者20个饼子，甚至更多。这是一个阶级立场的问题，是不以人的意志为转移的。

笔者不否认，中国的经济在市场经济的条件下，取得了一些表面上看来很大的发展。但这不等于中国的发展方向就是无可指责的。一个国家的发展方向是否正确，关键是其发展的道路是否符合该国国情。中国的国情是什么？首先是我们有十亿农民。有中国学者提出通过城市化，来消灭农民。你怎样消灭十亿农民？如果中国农民都生活到城市，光垃圾一项，就会把我们弄得焦头烂额。其次，我们国家可耕地少，这一点是很严重的实际问题。美国和中国领土大小差不多，美国的可耕地占美国领土的40%，而我们的可耕地只占我国国土的15%，也就是说，美国的可耕地几乎是中国的三倍，而美国人口只有2.8亿，不到中国的四分之一，大约是五分之一多一点。这就是我们相比美国特殊的国情。任何脱离这个国情的发展都会造成严重后果。90年代初，我曾指出，发展小汽车工业不符合中国的国情，希望国家鉴于中国人口集中，土地稀少这样的国情，多发展公共交通，限制私人汽车的发展。我跟许多学者辩论这个问题，他们认为美国人有汽车，可以周末到郊区去兜风，为什么中国人不可以。① 这当然不是可不可以的问题，而是怎样更好一点的问题。如果人家有的，我们就一定要有，不管对自己好坏，那我们就不是在独立自主地发展，而是跟在人家的后面，做人家的奴隶。如前所述，商场如战场，你有你的打法，我有我的打法。克敌制胜之道在于以己之长，攻敌之短。中国完全可以跟美国竞争，但不是在美国人设定的框架内。我们不应该跟美国人比谁的人均国民生产总值高，我们应该跟美国比谁的国民更能安居乐业，比谁的犯罪率低，比谁的社会更和谐，谁的人民更幸福。

我们的孔夫子说，"不患寡而患不均"，这就是我们的民族文化。80年代初，许多中国学者把这一民族文化特点看作重要包袱，大加挞伐，要改造，要超越。

其实，我们更应该下功夫研究，搞清楚、搞明白我们的民族文化，在发展过程中顺应我们的民族文化。现在，我们的中央和地方政府每年都派大量的干部到国外进修。其实我们的当务之

---

① 拙文《汽车工业与中国之国情》在《中国与世界》上发表。

急，是了解我们自己的国情、我们的民情，而不是美国的国情和民情。依我看，花巨额外汇送干部到美国和英国学习，只能得不偿失。语言不通，国情不通，在短时间里是学不到什么东西的，而往往还学到负面的东西。笔者就见到过一个县委书记，到国外溜达了三个月，走马看花地看了一下国外的高楼大厦、市容地貌。回国后在全县干部大会上讲，美国、日本是天堂，新加坡和中国香港是小康，深圳是贫民窟，而内地则是人间地狱。共产党的干部如此不懂政治，到了让人吃惊的地步。对这样的干部，重要的不是到国外学习，而是在国内学习。

结 语

本文要说的无非是发展要基于本国国情，衡量发展好坏的标准不应该是西方制定的模式，而应该是以我们自己的国情为主的模式。我们不仅要学习了解外国，更应该研究了解自己的国家、自己的人民、自己国情与民情。对美国好的政策，未必对中国好。中国是世界上人口最多的国家，有非常独特的历史、文化和自然地理环境。中国学者和中国政府当务之急是制定出一套适合我国国情的发展道路，而不是盲目效仿西方或任何外国的经验。

（本文原载姜锡东主编《政府与经济发展》，
知识产权出版社2005年版）

从一家中国餐馆打官司的经历
看美国的司法制度

　　美国北卡州西部的爱诗威尔市是一个美丽的山区城市，周围群山环绕，风景优美，气候宜人。是美国著名的旅游和退休养老胜地。其西部的大烟山，是美国游客最多的旅游景点。其东部的诱人湖，是许多名人的聚居地，美国有几部家喻户晓的电影如《下流舞蹈》就是在这里拍的。游人坐在游船上，听导游讲解当年拍电影的花絮，湖边大房子及其房主的趣闻逸事，别有一番风味。登到诱人湖旁的烟囱上，四周青山绿水的美丽景色尽收眼底。爱诗威尔城内的巴尔迪莫庄园，是当年美国的铁路大王建的美国最大的私人庄园，占地几千亩，这里有世界一流的酒店、宾馆、葡萄园和酒庄，世界各地的游客，闻名而来参观昔日的上流社会的生活方式，络绎不绝。

　　因为这里是旅游城市，所以这里的餐饮业在美国也小有名气。爱诗威尔也是美国的啤酒之都，有许多本地酿造的啤酒。世界各地的不同的烹调风格都可以在这里找到。各式各样的中国餐馆就有四十多家，中国人开的日本餐馆也有十三家。但本文要谈的不是美国的餐饮业，而是透过一家中国餐馆的法律纠纷，来透视美国司法制度。这些年中国政府一直在高调宣传依法治国。许多中国知识精英，对美国的法律和政治制度只是一知半解，就想当然地认为美国是法治国家，是法律面前人人平等的国家。本文想通过一个普通案例来说明，真正法治国家在阶级社会里是不存在的。法律面前人人平等更是天方夜谭。所谓的法治历来是双刃剑。所谓的美国的法治在现实中更是荒唐透顶。实际上，美国司法制度的死板及执法人员的官僚化造成严重的社会问题，是美国衰退的重要原因之一。

我们要说的这家中国餐馆的主人是王先生，他在当地开餐馆已经二十多年了，王先生工作很努力。除了感恩节外，他的店一年365天，天天开门。王先生的店是自助餐，比较大，菜的种类很多，价钱很便宜，午餐只需五美元多一点，晚餐因为有很多海鲜价钱稍微贵一点，但加上饮料，也不过九美元多一点。真正是价廉物美。所以王先生生意不错。

但因为一场飞来的官司，让王先生的生意一落千丈。王先生跟大多数在美国的华人一样，是遵纪守法的人，从来没有跟法律发生任何纠葛。他们先前跟警察打过交道，但都是当王先生和其太太被一些不法之徒持枪打劫，事后向警察报案而已。王先生的员工大多数是自己的同乡，少部分是墨西哥人，偶尔雇一两个白人。王先生一般不雇美国人，除语言不通外，文化也不一样。去年王先生雇了一个年轻白人。这个年轻人有前科，父母是王先生的顾客，请求王先生给他儿子一份工作，好让他走上正道。王先生动了恻隐之心，就雇了他，让他与其他员工住在店里给员工提供的宿舍里。但王先生发现这个年轻白人在公司提供的免费宿舍里吸毒。吸毒在美国是一件非常平常的事情。美国人消费全世界毒品的百分之七十以上。我以前的一个同事，是老布什当副总统时候的员工，就因向同事贩卖毒品而丢了工作。但是员工在公司的宿舍里吸毒，如果被抓住了，王先生可能就会有法律麻烦，因

从一家中国餐馆打官司的经历看美国的司法制度

为他有为员工提供吸毒场所的嫌疑。因此,王先生立即告诉那位白人员工,他以后不可以住在公司提供的免费宿舍了。于是这位员工就怀恨在心。

几天以后,王先生出外办货回来,见到这位白人雇员跟一个墨西哥女员工在饭店外争吵,并叫来了警察。王先生见状后,就上去拉那位白人员工回店里,让他有什么事回店里讲。不曾想那位白人员工当场指控王先生人身攻击。因为警察看到王先生拉了那位员工的胳膊,这在美国就构成人身攻击。于是警察当场就给王先生铐上了手铐,带到警察局。从来没有跟警察和法律有过过节的王先生便第一次进了监狱。进监狱之前要进行裸身检查,打指模,并戴上脚镣,直到第二天,王先生雇了律师,交了保释金,王先生才被从监狱里放了出来。

没想到,这只是王先生麻烦的开始。那个白人员工指控王先生人身攻击后,知道自己的工作保不住就走掉了。但他向往美国移民局诬告王先生往美国贩卖人口等。

美国联邦政府财政紧缺,借有人告状,便从两百公里之外的沙勒特地区总部派人来调查王先生和他的店。他们跟踪王先生一个月,拍录像,照相,把王先生每天的活动都记录下来。王先生每天早晨九点半钟用公司的车拉员工到店里上班,晚上下班后,再用车把员工拉回公司的宿舍。天天都是这样,移民执法局并没有发现王先生有任何违法的事情。但移民执法局跟踪王先生一个多月,投入很大的人力财力,他们不想承认自己轻信一个有前科的不务正业的人的一面之词,就浪费公帑来调查一个本分的生意人。于是他们就在一个月后对王先生的餐馆进行了大搜查。移民执法局的人包围了王先生的饭店、员工宿舍,对所有员工进行搜查。他们发现王先生的餐馆一切合法。但是他们发现三个华人的身份证是假的，还有数个墨西哥雇员的身份证也是假的。

其实在美国的中餐馆、墨西哥餐馆及其他许多企业雇用所谓非法移民是非常平常的事。不然美国政府估计的一千万到三千万的非法移民何以生存。造成这种现象的原因是多方面的。许多美国人不愿意干非法移民所从事的脏活累活，如在餐馆刷碗，修路的重体力活。好多单亲妈妈不能工作，她们找不到廉价的托儿所，托儿所费用很贵，减去托儿所的费用，她们的工资所剩无几。如果只算经济账，她们还不如不工作，靠政府的福利勉强生活，她们的孩子还可以享受免费医疗。这就是美国有大量的单亲妈妈要靠政府的福利生活的原因。她们如果工作，就会失去政府的福利，或者政府的福利就会减少，而且她们的子女还会丧失政府提供的免费医疗。从某种意义上讲，美国政府的政策不鼓励穷人工作。这是美国的两党政治所造成的荒唐局面。民主党为了穷人的选票，拼命给穷人争取更多的福利。但共和党为了富人的选票，就拼命地限制穷人的福利，以便减少政府的开支，达到为富人减税的目的。这样穷人被夹在中间，只能得到勉强能活下去的政府福利，但往往失去工作的机会。

另外，美国社会中因为父母离婚、家庭暴力、父母吸毒、酗酒等问题，使许多孩子没有受到良好的家庭教育。根据美国政府的统计数字，有百分之二十五的孩子不能从高中毕业。许多比较贫困的国家，穷人家的孩子上不起学。而美国尽管有免费的义务高中教育，但因为家庭和许多社会问题，美国许多孩子无法完成高中学业。美国政府的统计数字还显示，美国有四分之一的儿童有某些精神疾病，需要药物控制。他们当中的一些人，是没有能力工作的。美国政府的统计数字还显示，去年美国有近百分之六十的人没有工作一天。这当中就包括那些因精神疾病、吸毒或酗酒问题不能上班的人。因为找不到合适的工人，所以像王先生这样的餐馆老板，和其他美国企业，只好雇非法移民来打工。其实，美国企业雇用非法移民工作是公开的秘密。美国政府对此也是睁一只眼闭一只眼。如果认真起来，那么好多美国企业就没法经营下去。这就是我在美国课堂上讲到警察与法律的问题时，说大部分人都是没有被抓住的违法者的原因。警察越多，装备越好，训练越好，被抓的违法者就会越多。这就是美国只要世界上百分之五的人口，监狱里却关押着世界25%的监狱人口的原因。另外，2012年，美国的拘留所里还关押了一千万交不出保释金的等待判决的犯人，每三十个美国人中，就有一个在拘留所里。

以往非法移民被抓，跟雇主关系不大，最多罚雇主一点款。1990年，我在美国佛蒙特大学念书的时候，美国移民局在一家中国台湾人开的餐馆里，一次抓到十名中国台湾非法移民。移民局没有汉语翻译，雇我做他们的翻译。他们当时并不知道按照美国法律，我是不可以在美国工作的。美国联邦移民局在佛蒙特有一个中心，因为没有汉语翻译，就到佛蒙特大学求援，学校就推荐了我去。其中的一个被抓的蒋先生，60多岁了，不会写自己的名字，只知道自己姓的是蒋先生的蒋。他以旅游签证到美国，然后被介绍到这家餐馆打工，十年里他在餐馆里吃，在餐馆里住，很少出去，外边的社会什么样子，他知道得很少。移民局官员问他话，他都一一回答。给他翻译的时候，我心里感到痛。当时国内的精英正在鼓吹中国台湾作为"亚洲四小龙"的经济奇迹，但这位不识字的蒋先生和其他被抓的九位中国台湾非法移民简直就是当代美国社会的奴隶，别人的赚钱工具。当时移民执法局到那家中国台湾餐馆找老板问话后，老板问联邦移民局的官员会怎么处理他。联邦调查局的官员说，政府不会追究老板的责任，最多会罚一点款而已，其实后来连款也没罚。

我跟移民局的官员一起工作几天以后，关系比较熟了，就问他们为何要抓这些非法移民，他们并没有伤害美国的利益。但移民局官员说，他们抓非法移民，是为了保护像我一样的合法移民和美国公民的工作机会。当我告诉他们按照美国的法律，我作为留学生并不能到校外工作时，那个移民局佛蒙特站的站长用手猛击自己的脑门，连说移民局竟然雇不能合法工作的人工作。从那以后，他们再也没有请我给他们当翻译。那个站长有美国大学政治学硕士学位，但第一次跟我见面的时候，坦白地告诉我，他对中国台湾一无所知。问我中国台湾是一个海岛还是是一个国家，我只好告诉他中国台湾是一个海岛，但是否一个国家，要看你问谁。当然我得简要地给他讲一次中国的内战历史。

但是现在美国联邦政府财政紧张，要从华人身上榨油，就把王先生抓了。那天早上，王先生跟往常一样，从家里出来，但早就等在王先生家周围的八九名警察围了上来，给王先生铐上手铐。跟上次一样，王先生又被关进了监狱。王先生的家人又雇律师，缴纳保释金，把王先生给保了出来。保释出来后，王先生得交出护照，不得离开所在的地区，如果需要到外地去，要向假释官员请假。

这期间王先生雇的律师开始跟政府的检察官进行谈判，争取庭外解决。其实政府的检察官没有任何证据证明王先生犯了他们指控王先生犯的罪行，王先生根本就没有像他们指控的那样贩卖人口。但政府又不想承认他们听信一个有前科的"社会渣滓"的一面之词，就花费大量的人力物力来调查一个努力工作的守法公民。于是他们就让所谓的"犯人"承认一个罪名轻一点的罪名，与政府达成协议。这样所谓的"犯人"就不用出庭与政府进行长时间的庭审，可以避免花费大量的律师费。王先生雇的律师一个小时五百美元，外加其他的费用，对像王先生这样的小公司，这样的律师费是巨大的经济负担。为了节省律师费，大部分的美国人都会接受厅外协商的方式来摆脱法律的麻烦。实际上90%以上的美国案件都是以这样的庭外协商解决的。所谓的嫌疑犯，很难找回自己的清白。为了省律师费，只好忍气吞声地承认一项轻罪，以免牢狱之灾。

由于许多反共反毛反社会主义的中国精英多年洗脑，许多中国人盲目地崇拜美国和西方的法制体系。其实，无论从哪个角度讲，对大多数普通民众来讲，美国的司法制度都是失败的。首先美国的司法制度根本不在乎所谓的"正义与清白"，它们只讲所谓的"程序正义"，什么是程序正义呢？就是它们会让被告和原告走完所有的法定的法律程序，究竟你最终是否得到正义和清白，那根本不是法庭首先考虑的。在法庭上，如果是刑事案件，被告的律师和政府的检察官在法庭上陈述各自的立场和证据，法官决定哪些证据可以被采纳，哪些不可以被采纳。但最后决定被告是否有罪的不是法官，而是十二个从普通民众中随机挑选出来的陪审团成员。这些陪审团成员都是匿名的，他们不需要为他们的判决负责。审判过后，他们都各自回到自己原先的职业。即便他们的判决错了，也没有人会追究他们的责任。法官也不需要为任何冤假错案负责，因为他们并不是最后定案的人。这就是美国的监狱里关押着许多无辜的死刑犯的原因。他们没有钱雇一个好律师为自己辩护，而政府指派的律师，因为工资很低，水平较差，更重要的是他们根本不在乎。

美国的司法制度，只有对那些有钱有势的大富豪有利。只要你有钱，肯花钱，杀人的罪也可逃脱。美国橄榄球球星辛普森杀妻案就是很好的说明。你雇一个大牌律师，这个大牌律师只要在选陪审团成员时想法选中一两个黑人基本上就可以搞定。律师没有挑选陪审团成员的权利，但有拒绝某人当陪审团成员的权利。只有拒绝的人足够多，挑到一两个黑人陪审团成员是很容易的事情。在审判过程中，律师不需要证明被告无罪，而只需要证明被告并不是完完全全有罪，判被告有罪，可能有一点不能完全肯定。律师只要提醒陪审团成员，只有他们毫无悬念地认为被告有罪，他们才能定他的罪。只要12个陪审团成员中有一个人不能完全肯定被告有罪，律师就成功了。

负责王先生案子的政府的检察官提出罚王先生十万美金，并没收王先生公司的职工宿舍和运送员工的车辆，外加三到五年的刑期，这简直就是敲竹杠。政府方面根本就没有任何证据证明王先生有罪，他们这样做基本上就是恐吓。但如果上法庭，旷日持久，律师费将是不小的数目。而且打官司总有万一打不赢的担心，王先生想让律师保证能打赢他打这场官司，但律师只肯说有90%的把握打赢。一旦官司打不赢，王先生就得坐牢。如果王先生去坐牢，那餐馆生意就无人打点，王先生一家老少的生活全靠王先生一人张罗，他是家里的顶梁柱，家里不能没有他，所以他不能冒险。他必须忍辱负重，稳扎稳打。为了稳妥起见，王先生让律师跟政府的检察官谈判。几个回合下来，政府检察官同意将罚金减到六万美元。只要王先生同意自己犯了运输非法移民罪，政府就不再要求法官判王先生入狱。协议达成了，接下去就是等待法庭判决。因为美国的犯人多，等待开庭的时间往往很长。

但是王先生在等待法官审判的时候，又出了许多麻烦。在王先生的餐馆被移民局搜查后，当地报纸头版报道了移民局在王先生的餐馆抓到了非法的华人和墨西哥移民。报纸一出来，王先生餐馆的生意立即大受影响，来吃饭的顾客骤降。被抓的三位华人，一男二女都不会讲英语，王先生给他们雇律师。我作为当地的华人教授，也陪律师去监狱看望三位华人。两位女同胞来这个餐馆上班只有两个星期，表现还淡定，其中一位决定回国。另一位希望申请留在美国，因为她的丈夫一年前车祸去世，正在跟保险公司理赔，她有两个孩子要照料。但那位男同胞见到我，搂着我的肩膀放声大哭。他身穿囚服，戴着手铐脚镣。他是一个老实巴交的福建农民，只是默默地在王先生的餐馆里当炒锅，我想他一辈子都没有受到这种委屈。他无非像许多其他福建农民一样，受前些年偷渡美国的大气候的影响来到美国。他有一个哥哥在纽约，让我给他哥哥打电话，让他哥哥为他缴纳保释金出狱。

王先生给三个华人雇的律师，是做移民业务的。他答应到监狱来的时候，先跟王先生要了一千美元。但他比约定的时间晚到十五分钟，然后又吸了一支烟，才带上我进监狱。如果没有他的带领，我是进不了监狱的。但进了监狱后，他所关心的是这三个华人囚犯是否有能力雇他做他们的代理人。他一个一个地问那三个人家里有多少资产，当他得知其中一个华人已经准备回国，另外两个人也没有请他当代理人的打算后很失望。我们在监狱里前后待了一个多小时，唯一见到的结果就是我见了他们三个人一面。回来后告诉王先生给那位炒锅的哥哥打一个电话，王先生的一千美元就得到这样一个结果。

九位墨西哥被抓的非法移民的情形就不同了。墨西哥人有一个社区中心，中心立即组织募捐，营救被抓的墨西哥人。王先生还给他们的中心捐了几百美金。墨西哥人的社区中心还在市中心组织了支持墨西哥工人的游行示威，他们的口号和标语是非法移民也有工作的权利，要求关注非法移民的合法权利等。为了博得市民的同情，他们开始攻击王先生的餐馆剥削工人！在资本主义社会里，哪有不剥削工人的企业。其实王先生的中国餐馆的工资高过美国餐馆的工资。在别的餐馆打工的墨西哥工人每小时只能拿到最低时薪，每小时 7.5 美元。在美国餐馆工作工人，工人可以自己带饭，也可以在餐馆吃，但要缴纳所吃食物的成本费，扣除吃饭的时间。而王先生的餐馆让员工免费吃饭，也不扣除吃饭时间。在美国餐馆打工的墨西哥工人每月的工资一般只能拿到 1200 美元，而在王先生餐馆洗碗的工人，一般都能拿到 1800 多美元。这就是墨西哥工人愿意到王先生餐馆工作的原因。

但是现在美国政府抓了这些没有合法身份的墨西哥工人，并要遣返他们回国。墨西哥人社区的人为了博得市民的同情，就开始打中国餐馆剥削墨西哥员工的牌，当地报纸也开始攻击王先生的餐馆剥削员工的文章。这样一来，王先生的餐馆生意进一步受到影响。更让中国餐馆雪上加霜的是，当地一个没有多少业务的律师，开始代表这九个墨西哥员工告王先生的中国餐馆剥削员工，要求王先生赔偿。因为这个律师没有多少业务，他愿意先免费替这些员工打官司，赢到钱后再跟员工分成，如果官司赢了，一般是律师和客户各得一半。如果官司输了，律师白做，员工也不损失什么。在美国法院立案，需要缴纳 250 美元。法院一旦立案，就会给被告下达传票。被告就得应诉，不然就是蔑视法庭。

其实代表墨西哥非法员工的律师已经筹划好了。他只要告王先生的餐馆就肯定能赢。因为王先生如果跟他打官司，就要花几万美元律师费，而且还没有把握打赢，这跟敲竹杠差不多。尽管他们狮子大开口，王先生只好雇律师跟对方谈判，以减少损失。谈判来谈判去，对方愿意把要求降到三万美元。这大概就是王先生雇律师打官司可能要花的律师费。对方绝不肯再往下降。王先生跟律师商谈后，答应了对方的要求，求得对方撤诉。但被对方敲诈去三万美元。因为王先生要支付自己雇的律师每小时五百美元，外加其他费用。对方的律师赢了三万美元，分成可得一万多美元。双方的律师都赚够了。只有王先生一人是输家。

报纸上对王先生的报道，又引起美国劳动局对王先生的关注。因为这些被抓的非法移民都是讲西班牙语，所以劳动局就派了一个西班牙裔的美国官员来询问王先生是否按法律付给了工人工资。王先生的华裔工人都说王先生付的工资超过了最低工资，而且都说老板让员工免费用餐，并且不扣除吃饭时间，工人可以随便休息。而个别墨西哥员工，特别是那些已经不在王先生餐馆上班的墨西哥员工，看到有机会从老板处拿到更多的钱，就开始胡说老板让工作的时间太长。有的人甚至说老板不给吃饭的时间，不给休息的时间等。按照美国法律，员工工作超过八小时，超时工作的时间要加到基本工资的一点五倍。王先生没有把超时工作和八小时内的工作分开来算，只是付给工人每天多少钱，其间不扣除三餐的时间。如果扣除三餐的时间，王先生付的工资，仍超过了政府的规定的最低工资要求及超时工作的部分必须增加的一点五倍的法律要求。本来政府无话可说，但这位西班牙裔美国政府工作人员显然偏心墨西哥工人。本来王先生是按小时付工资的，但他却故意把王先生给工人的基本工资，算成是每月一千八百美元，要求王先生再给工人补发每天超时的工资。根据员工在店里工作时间的长短，劳动局要求王先生给他的几个墨西哥工人补发几千到几万美元的工资。王先生不想让政府找自己的麻烦，就照办了。劳动局的人走的时候还告诉王先生，以后他对工人每天几点来上班，几点下班，中间几点到几点吃饭，几点到几点休息，都要有详细记录，他半年后还会来查看。

半年后他果然又来了，王先生拿出他的员工上班记录给他看。劳动局的官员，马上说王先生的记录有问题。因为工人不可能每天正好九点半来上班，也不可能都正好在同一时间吃饭，因此他认为王先生的记录不是实际的工作记录，他不能接受。因为在王先生的记录里工人都是早上九点半来上班，晚上九点下班。其间早饭是十点半到十一点半，一个小时，午饭是两点半到三点半，一个小时，晚饭是七点半到八点半，一个小时。员工实际工作时间八个半小时。如果扣除每天的饭费，员工的工资将少于现在的每月1800元。墨西哥员工并不在乎每星期多工作一天，或者每天多工作一个小时，他们只想多挣一点工资。如果老板每天扣除他们的饭钱十五美元，如果再扣掉他们的房租，只按最低工资付给他们，那他们的工资，将会是每月只有可怜的一千多美元。

美国国会里民主党人推行最低工资的标准，本来是要保护工人的利益。但是美国政府的官僚主义执法作风，反而伤害了工人的真正利益。实际上在资本主义的社会里，要想保护工人的利益基本上是不可能的。大公司、大老板剥削工人的办法太多了。即便工人的最低工资提高了，但物价上涨了，其实工人实际生活水平还是没有提高。这就是70%多的美国人负债。美国工人的生活水平相比大多数第三世界国家的工人要高，原因就是美国的大跨国公司可以更多地压迫剥削第三世界的工人，来补贴一下本国的工人，以便防止工人过不下去起来造反。在第三世界国家的工人的生活状况不如美国的工人，原因就是他们要受大的跨国公司和本国的资本家的双重压迫剥削。

在阶级社会里，中国所谓公知们所宣传的所谓"普世价值"根本就不存在，真正存在的普世价值，他们是不肯说出来的，那就是大鱼吃小鱼、小鱼吃虾的阶级压迫和剥削。要想真正提高工

从一家中国餐馆打官司的经历看美国的司法制度

人和农民的地位,特别是第三世界国家的工农地位,只有毛泽东主席和他们那一代的革命家所建立和推行的社会主义制度。

王先生有了上一次跟劳动局打官司的经验,便让自己的律师跟劳动局的官员打交道。结果这一次王先生的律师并没有帮上王先生什么忙,因为他并不懂美国的劳动法,让劳动局的官员给他洗了一下脑后,他基本上全是站在政府一边,指责王先生没有按照政府的要求记录员工的工作时间等。王先生雇了个律师给政府做帮工。我作为王先生的义务翻译气不过,问王先生的律师是否还会让王先生付他律师费,那位律师也感到很尴尬。

最后王先生又被迫按政府的要求付给员工超时工资。如果不同意,又得出庭跟政府打官司,政府的律师反正有的是时间,但像王先生这样的小本生意,根本耗不起跟政府打官司的律师费,只能忍气吞声。仍然在工作的墨西哥员工都不知道为什么王先生又额外给他们发钱,个别人拒绝接受,认为是不该要的钱。但政府规定如果员工不肯拿钱,政府最后就要没收这部分钱,另外,王先生还得支付政府的罚款。

王先生的案子现在只是取保候审。等了六个多月后,终于等来了初审的机会。这次初审,是由联邦地区法院北卡州西部法院的助理法官审理。出庭前,王先生的律师说这次出庭只是走过程而已,真正判决要等到下次正式判决。在庭上,书记官要求王先生宣誓他在庭上会一切如实回答。然后我作为王先生的翻译,也得宣誓,一切如实翻译。然后那位助理法官就开始照着事前写好的问题,一个一个地问王先生。王先生只需回答同意是否就可以。这个程序本来是走走过程就可以了。但是助理法官问王先生是否同意政府对他的指控,说他明知道犯法,但仍然不顾后果地干了,等等。王先生说不同意,因为他并非知法犯法,结果让那助理法官很意外。本来应该半个小时就完的程序，拖了四十分钟还没完。助理法官不耐烦了，说他要下班，让我们明天再回来。出庭后，我们的律师跟王先生说，你就对每个问题做肯定回答就可以了。因为他说了一句不同意，我们第二天还要回到法庭，重新开始，结果就是律师多收他几千美元的出庭费。

在美国打官司，大都是原告律师跟被告律师，或者律师跟政府检察官在私下谈判，当事人几乎似懂非懂地走过程。尽管律师都是让王先生最后拿主意，但王先生的选择，都是律师建议的。美国法律术语不是一般人能明白的，只能依靠律师来给解释。其实所谓的预审，也就是让预审的助理法官来证实一下，被告与政府达成了庭外解决的协议而已，预审法官并不管其他的事情。所以第二天，王先生就按照律师的指点，对预审的助理法官问的问题，都做了肯定的回答。预审完了，就等待法官的最后判决。

又等了六个多月，2013年的9月14日，王先生等到了他出庭受审的日子。这次的法官是联邦地区法院北卡州西部法院的联邦法官。他是总统任命、国会表决同意的终身法官。在我们的案子之前，他先判了两名墨西哥少年毒贩子入狱两年。到了王先生的案子，先是王先生跟着书记官宣誓，然后我宣誓。然后法官问王先生是否跟政府达成庭外解决的协议，王先生做了肯定的回答。但法官又接着说，尽管王先生已经跟政府的检察官达成庭外解决协议，但他不一定按照协议的条款判决，然后问王先生是否还承认自己有罪，王先生只好说承认自己有罪。因为不承认有罪，以前的工作就白做了，钱也就白花了。然后法官就宣判了，罚王先生六万美元，没收工人宿舍和运送工人的车子，这个没有什么意外。然后法官说要关王先生四个月的家庭紧闭，和三年的外出自由限制，这让王先生很意外。

从一家中国餐馆打官司的经历看美国的司法制度

四个月家庭紧闭就是法庭要给王先生戴上电子脚套。他每天九点以前不能出门，白天只能到餐馆上班，晚上九点必须回家。不得到许可，不可以到别的地方去。王先生每天要为这个脚套交纳三点四美元，每月一百美元的费用，还要交纳其他的一些费用。四个月后，脚套拆除后，他可以在我们这个区自由活动，但要离开我们这个区，他必须得到假释官员的许可。这个限制外出自由的期限是三年。

王先生对法官这个判决非常不满。他认为自己辛辛苦苦地工作，就因为一个有前科、不务正业的坏小子诬告，自己就蒙受这种不白之冤，律师费、政府罚款外加给员工补发的工资，总共耗费二十万美元，一年的工白干了，他得跟亲戚借钱付律师费。特别是法官判他家庭紧闭四个月，并三年限制外出自由，给他的生活带来极大的不便。他感到美国的司法制度对他太不不公平了。他气得在法庭外用福州话大骂美国法律的不公平、不合理。但他也只能骂骂出一点气而已，除此之外，他毫无办法。

就在王先生接受家庭紧闭不久，王先生的婶娘病危。王先生向假释官要求去纽约见自己的婶娘最后一面。但假释官先是不同意，一天后又同意了，但王先生终于没能见上自己的婶娘最后一面。他还在路上的时候，婶娘就走了，给王先生留下终身遗憾。王先生岳母八十多岁了，还住在中国，意味着王先生三年内不能回中国看望岳母了。王先生的寡母也已经八十多岁了，老人不相信西医，有时候需要回中国看病，这意味着王先生三年之内不能陪母亲回国看病了。

其实联邦的法官不知道，也不在乎王先生的案情。他只按照王先生认罪的罪名来判决。你承认你自己有罪，那就按你承认的罪名判你罪，让你无话可说。这看上去是法治，实际上就是一个陷阱。

四十天的家庭紧闭到期了,王先生到假释官那里去除掉脚上的电子套。戴电子脚套的这些日子,王先生一直抱怨头痛,头发蒙,像感冒一样。摘掉电子脚套后,王先生头疼消失了。王先生问假释官员,这种电子脚套是否有副作用,那位官员说不应该有。但王先生坚信他的头痛就是戴电子脚套的结果。美国的法律是讲究惩罚犯人的。法官在判决的最后就强调他如此判决就是要惩戒犯人,让犯人知道犯法的代价。可能戴脚套,让犯人感到头痛也是惩戒的一部分。

中国许多公知,天天在美化美国的法治和宪政,但他们并不知道美国法治真相,只是想当然地认为美国的法治多么好。中国人民必须知道美国的法治和宪政的真相。因为美国的法治和宪政,占世界人口5%的美国,却关押着世界上25%的监狱人口。其拘留所里还关押着一千多万交不起保释金的候审犯人,每三十个人中就有一个在拘留所里。为什么?难道美国人天生比其他民族更倾向犯罪吗?当然不是。美国人的律师多得很,每三百人中就有一个律师,比医生多一倍半,因为,平均每七百多人中才有一个医生。律师是靠打官司吃饭的,美国的法律都是律师写的。美国的警察比例很高。警察是抓罪犯的,警察越多,犯人就越多。更令人意外的是,美国关押一个犯人一年的费用是四万多美元,超过私立大学的费用。纽约市的费用更是超过十六万美元一年。美国连续多年财政危机,国会两党为此打得不可开交。地方政府因为财政危机在破产,学校在裁员,或减少养老金,但美国的监狱人口却在增长。这样的法治和宪政,有什么价值?这是一个值得中国人深思的问题。

(本文原载《中国日报》2016年12月27日)

美国的农业与美国的社会危机

2013年11月1日,我应邀参加美国约翰霍布金斯大学东亚研究系、政治系、社会学系联合举办的中国农村研讨班,做关于中国的城镇化及其后果的演讲。演讲之前,我说自己虽然读了五个大学,并在美国大学当教授,但骨子里依然是一个中国农民。我在中国农村出生,并在中国农村度过了我一生中一些现在看来比较艰苦但又充满美好回忆的时光。所以我的演讲将充满中国农民的偏见与局限,请听众谅解。

当天参加我们研讨班的有美国多所大学的教授、研究生等。我说在各位美国教授和来自世界各国的研究生们看来,美国无疑是世界上最成功的国家,最富有的国家。但在我这个中国农民看来,美国是一个失败的社会,而且失败得很严重。美国的国土面积跟中国差不多,但美国可耕地占美国国土的40%,而中国的可耕地改革开放前只占中国国土的15%。改革开放三十年,因为城市的扩展,加上修建高速公路、高铁和房地产业的扩展,现在中国的可耕地只占中国国土的9%了。在美国有三十度坡的地就不算可耕地了,而中国农民则把梯田修上了山顶。

这让我想起了多年前在河北和安徽农村考察时了解到的一个情况。朱镕基当总理的时候,中国政府请美国的农业专家到中国农村来指导中国的农业发展。中国是有四千多年农耕历史的国家。在许多人眼里，中国农民是世界上最好的农民。美国教授 F. H. King 在《中国、朝鲜、日本的四千年有机农业》一书中对中国农民的耕作技术做了很高的评价。[1]我在美国布朗戴斯大学读书的时候，学校里的非洲专家摩根桑教授，多次在班上讲，中国能够解决吃饭问题，因为中国有世界上最好的农民，也有世界上最好的农业组织体系。非洲不能解决粮食问题，主要是非洲人不会种地。显然朱镕基时代的中国政府认为中国农民还不够优秀。他们请来美国的农业专家到中国"班门弄斧"。那些美国专家看到中国农民在坡度很大的土地上种地，感到很不理解，提出这些土地应该全部退耕还林。中国政府竟然采纳了这些对中国农村一无所知的美国专家的建议，强制农民退耕还林。不知道当时的中国政府首脑是怎样想的。至少，我在河北和安徽见到的农民对此非常不理解，怨气很大。他们认为，我们祖祖辈辈就是这样耕种和生存的，现在听美国人不关痛痒的一句话，就放弃我们的耕种方式。这样下去，我们中国人的粮食哪里来？[2] 不幸的是，中国农民的担心，正在成为现实，中国现在已经需要大量进口粮食了。2012 年，中国已经进口八千多万吨粮食。[3]如果按人均 500 斤口粮算，这是三亿两千万人的口粮。中国的粮食危机已经开始了。

中国用世界上 7% 的可耕地，养活着世界上 21% 的人口，在毛泽东时代就已经解决了温饱问题。人均寿命从 1952 年的 35 岁，提高到 1976 年的 69 岁。曹卫平先生在网上有一篇文章专门

---

[1] F. H. King, *Korea and Japan*, Dover Publications, 2004.
[2] 2008 年夏天在河北和安徽与农民访谈。
[3] 中国工程院院士王孔明：《中国没有拒绝转基因粮食的资本》，中国广播网，2013 年 10 月 4 日。

谈中国人口人均寿命在毛泽东时代几乎翻番的文章，我是赞同他的说法的。中国的人均寿命在毛泽东时代领先跟中国起点一样的印度二十年。然而，中国和世界上有些人，千方百计诋毁毛泽东时代，拿"大跃进"的天灾说事，说"大跃进"期间饿死多少万人。但他们不知道历史是造不了假的。中国的人口在毛泽东时代几乎翻了一番，人均寿命几乎翻了一番，这一铁的事实是那些居心叵测者的饿死人的谎言无法抹杀的。

20世纪70年代的中国还比较贫穷，但中国政府已经为中国的农民提供了免费教育和以赤脚医生为特色的农村合作医疗。当时中国基本上消灭了无家可归现象，消灭了娼妓和毒品问题。中国的农民在农村发展多种经营，创办社办企业，让农民不需要离开家乡就可以进工厂工作，增加收入。本人上大学前，就在本村的村办厂子工作过五年。我们那个厂子有一百多个工人，每年产值上百万元。农民的生活一年比一年好。而且当时中国农村的生活基本上是无垃圾的生活方式，农民把草木灰、人粪尿都经过发酵，作为有机肥料用到农田去了。家乡的墨水河当年清澈见底，有大量鱼虾，乡亲们直接从河里挑水吃。因为中国人的环保生活方式，70年代联合国发展问题专家把中国的发展模式，看作是第三世界国家的样板，人类的希望。苏珊派珀女士的英文著作里对此作了翔实的介绍。

美国有中国四倍多的可耕地，但美国人却只有中国五分之一多一点的人口。许多美国人，包括许多美国的政客和知识精英，并不知道美国人有多么幸运。他们想当然地认为，美国的成功和富有是因为他们创造了世界上最好的政治制度，所以他们到处向全世界，特别是第三世界国家，推销他们的政治制度，甚至用枪炮来把自己的制度强加给第三世界国家。2005年，我参加了一个由富布莱特基金赞助的美国教授考察团到中国的香港、澳门、广州、深圳、厦门等地去考察。每到一地，我们十五个美国教授就三人一组，给中国教授和学生讲解美国的民主制度和经济系统。美国教授毫不掩饰他们的优越感，不厌其烦地告诉中国的学生和老师，如果中国采纳美国的民主制度，经济也会像美国一样发达。有一次，我终于忍不住了，我说美国的经济发展水平，绝不是因为美国的民主制度的缘故。有美国那样的自然资源和机遇，任何制度都是可以的。我的话让跟我一个小组的两位美国经济学教授怒不可遏，说他们从来没有听说过这样荒唐的话。我问他们知道不知道美国有多少可耕地，中国有多少可耕地，他们说不知道，我告诉了他们。然后问他们用一亩地养活一个人容易，还是用二十亩地养活一个人容易。美国人的人均可耕地，至少是中国人的二十倍。美国人是既不知己，也不知彼，就到世界各地去指手画脚，这就难怪他们在第二次世界大战后主导世界的这些年，犯了一个又一个战略错误。

其实，美国像世界历史上的其他霸权国家一样，不可能知道什么制度对别的国家好，这个问题只能由其他国家的人民来回答。实际上，美国并不在乎什么制度对其他国家好与不好，他们只在乎别的国家怎样做才对美国好，至于那样做对其他国家好与不好，并不是美国人关心的。

美国在第三世界国家推行其政治制度的结果，就是在第三世界国家造成极大的政治动荡、政治分裂、战乱不断、两极分化、民不聊生。如果美国的民主制度真正是美国成功的原因，其在第三世界国家推行的结果，基本上是适得其反。看看印度、菲律宾、拉美等国家推行所谓的西方民主制度后的结果就知道了。

80年代末，我获得新加坡政府的奖学金，到新加坡国立大学教育学院学习。当时新加坡的物质生活条件比中国好一些。我的一些同学就把新加坡的成功归功于新加坡曾是英国殖民地的缘故，认为如果中国被西方殖民几百年，生活就会像新加坡人一样，这跟刘晓波的观点很相似。但我听到许多新加坡老华侨说过，新加坡是英国殖民地的时候，新加坡华人就是二等公民，能做的工作就是给西方殖民主义者当佣人。新加坡的成功，是独立之后，新加坡华人掌握了自己的命运，同时也受益于其得天独厚的地理位置，以及"冷战"时期美、苏在亚洲，特别是东南亚地区的角力，这些为新加坡的发展制造了一个难得的机遇。我把这些听来的话告诉我的同学，并跟他辩论，可他不同意。因为这个辩论，这位同学跟我别扭了好长时间。我认为我这位同学跟刘晓波一样，只知其一，不知其二。他看到了新加坡的繁荣，刘晓波看到了香港的繁荣，但并不知道这两个地方繁荣的根本原因，只知其然，不知其所以然。

新加坡毕业后，我又到美国的佛蒙特大学学习。来美国之前，受80年代中国报纸电视影响，我对美国的民主制度还是很期待的，想研究美国的文化史、思想史、外交史，将来回中国做一个美国研究的学者，但刚到美国的经历让我大吃一惊。我来美国的时候身上带的钱不多，在纽瓦克下了飞机，要去纽约肯尼迪机场换飞机去佛蒙特的伯灵顿市。我推着行李车走出机场，一个黑人走过来帮我推车。我不知道他是什么意思，以为他是学雷锋，做好人好事。没想到出租车来后，他朝我伸出手来，看我没有搞明白怎么一回事，他骂了一句，"白痴，给我钱"。他骂得很凶狠，我赶紧拿出五美元。他说他不是讨饭的，让我多给。我又拿出二十美元，他一把夺了过去，然后骂骂咧咧地走了，简直就是光天化日之下抢劫。

到了肯尼迪机场，一个人拿着一本讲素食主义生活方式的书，说是他自己写的，免费送我。我想人家把自己的书免费送我，不要的话，太不礼貌了，就拿了一本。刚拿了书，那人就拿出一张纸，上面写着要求捐款的数目，一百美元、七十五美元、五十美元，最少是二十五美元。我知道自己上当了，但当时的我还很在乎自己的臭面子，怕被人家瞧不起，没有断然表示：免费就拿，不免费就不要，就硬着头皮给了那个人二十五美元。到美国不到一天的时间里，我这个在中国大学当过几年讲师，还在新加坡留过学的中国人，就被人连逼带骗讹走了五十美元，相当于当时中国人在国内几个月的工资，这算是我到美国交的第一笔学费吧。

更让我吃惊的是我在北伯灵顿的美国邻居的生活状态。柏林顿分南北两部分，有钱人聚居南部，北部主要是穷人，房租便宜很多。我跟两个美国白人合租一座小楼的二楼，有三个房间。房租每月250美元。其实这个房子的主人是一个已经毕业了的医学院学生。他来上学的时候买下了这幢房子，自己住着，并租给同学。现在他毕业了，就让他的一个同学帮他管理。他的同学实际上不需任何费用，只有我和另外一个房客交房租。我们的邻居是一对三十多岁的夫妇。女的叫玛丽，男的叫杰夫，他们两口都不认字。男的会开车，有一辆破旧的卡车，偶尔打一点零工；女的不会开车，当时正在听录音学驾驶执照。因为她不认字，便找朋友把驾驶员手册录下来，她听录音来学习有关驾驶执照考试的题目。

他们两口有四个男孩。老大11岁，也叫杰夫，因为在学校里用头撞校长，被送进一个问题儿童学校，平时不回家。老二叫拉夫，8岁。老三叫保尔，只有6岁。夫妇俩还有一个小儿，只有两三岁。每天下午放学后,老二和老三就到我们家来找我儿子玩。然后问我能否给他们一片中国面包,我就拿我们自己蒸的馒头给他们吃。他们天天来,让跟我合租房子的美国同屋很不高兴,说我不能让他们进屋子。后来,我就只好带他们到旁边的公园去转一圈,然后把他们送回家。周围的邻居见我天天带他们去公园,竟然戏称我是他们的义父。后来,我往波士顿搬家的时候,玛丽和他们的孩子来给我们送行。玛丽开玩笑地问我,能否把他们的老二和老三带上,眼里带着一种无奈。玛丽及其朋友的生活情况很糟糕。他们没有工作,孩子又多,可以从政府部门领到粮食券,如果节省一点的话,或许可以够吃。但跟玛丽和她的丈夫一样不会经营,又经常用粮食券兑换啤酒喝,所以他们常常没有足够的食物让两个饭量较大的孩子吃饱。

按照美国政府的统计数字,美国现在有四千七百万人靠粮食券过日子,如果没有政府的粮食券,这些人就得饿肚子。2012年,共和党总统候选人罗米尼在一次募捐会上讲,他不能指望占美国人口47%的人给他投票,因为这些人完全靠政府的救济生活,是民主党的铁定票仓。罗米尼指的47%的美国人,就包括这些靠美国政府的粮食券生活的人和靠政府提供医疗救济的人。

美国的穷人和富人住的社区基本上是分离开的。美国的富人大都不知道美国穷人是怎么生活的,而美国的穷人也不知道富人是怎样生活的。像我这样在美国留学的人,本来没有机会了解美国的富人怎样生活。但一个偶然的机会,我儿子得到一个到美国私立学校念书的奖学金。这个学校在美国最富有的区之一:麻省的卫斯理市,就是宋美龄就读过的著名美国女校卫斯理大学所在地。这个学校的前身是卫斯理学院的附小,只收女孩,后来改为男女混校。其高中部是一家独立的学校,还是只招女生。这所私立学校的学费很贵，但其学校的章程规定，每年要拿出学费的百分之十支持上不起该校的学生。我的儿子因为偶然的机会认识了在该校工作的副校长，那位副校长很喜欢我儿子，就把他介绍给了学校。我儿子于是得到了一个在许多人看来是天上掉下来的好机会。当时我正在中国，我爱人打电话告诉我这个消息时，我毫不犹豫地说我们不去这样的学校。但我爱人和儿子去看了学校后决定去，因为那个学校的条件太好了。90年代初，学校里的学生就每人一台电脑。一个班只有15个人，却有3个老师。我儿子的同学中，有一位的父亲是哈沃德银行总裁，有一位的父亲是波士顿的国家街银行的投资委员会主席，还有一位的父亲是参与管理哈佛大学资产委员会的成员之一。班上最穷的一位同学的父亲也拥有自己的公司，年收入一百多万美元。

有这样的同学，我儿子理所当然地受到他们的影响，这正是我当初不愿意让儿子到这个学校去的原因。每天早上送儿子上学的路上，他总是给我讲哪个同学有什么玩具，又买了什么新的电子游戏，然后问我为什么那么大年纪了还在念书等。我只好给他讲，出生在一个贫穷的环境也不全是坏事，可以培养一个人忍受逆境的能力和意志。将来他学习好了，有了出息，就没有机会体验现在的艰难了等。我几乎得天天跟儿子反复讲这些，以抵消来自同学的影响。现在我仍然认为这是我儿子小学教育中的一个极大缺陷，他就读的那所学校的条件以及他同学的家庭条件之优越，与他自己的实际家境悬殊，因此，他失去了与同样家庭背景的同学交往、交流，一起成长的机会。

因为儿子上这个学校的缘故，我得以了解美国最富有的家庭之生活状态。每年他班上都会举办圣诞晚会，所有家长都受邀参加。我也有机会去了好几个这样的晚会。有一次晚会是在哈沃德银行总裁家里举行。他家有室内、室外两个游泳池,厨房的墙上有十几个庞大动物的头骨标本,是总裁本人亲自到非洲猎杀了那些动物。光从非洲运回来,整理成标本,就花去他十几万美元。记得我当时问了他一个非常唐突的问题,他们家一个月的暖气费要多少钱,他回答说四到五千美元吧。还有一次晚会是在其父亲是参与管理哈佛大学资产的那个同学家里举行。他们家住的是一个二层小楼,但有电梯,也有室内和室外游泳池和网球场、篮球场。让我最惊讶的是那天晚上,他们自己家的附路能停三十多辆车。

  有一次开家长会,我跟国家街银行投资委员会主席坐在一起。他问我在哪里做事,我说我还在念书。他问我是学什么的,听我回答说学政治,他马上说他可以资助我在中国竞选。我以为他是开玩笑,没有接他的话,他却以为我怀疑他的能力。便说他刚从白宫回来,克林顿竞选的时候,他资助了他很多钱等。我只好跟他解释不是我不相信他的能力,而是中国的政治制度不一样。他却说总有一天会一样的。他接着说每天晚上的新闻里,都是世界各地的各种各样的灾难,而我们这里却像天堂一样平静和幸福。他的话让我很感慨。他们这些人根本就无法想象在同一个美国还有我见到的那样的穷人,正如那些穷人没法想象美国的富人如何生活一样。美国穷人和富人的世界是完全不同的两个世界。

  我在波士顿念书的时候,房东的祖先是乘坐五月花船来美国的第一批移民中的一员。他们家的孩子告诉我,他们的祖先就是那个见到陆地一激动掉到水里去的那个人,后来发达了,开过纺织公司,拥有捕鲸船队等。他们家里墙上挂着当年其家族船队的油画。房东一次问我对美国的印象怎样。我回答说不怎么样,说在这样一个富有的国家居然有很多人吃不饱，无家可归。他对此很生气，说我对富人有态度问题。后来租约到期，他拒绝续约，我只好另找出租房。

我在美国大学里教书，平时接触的多是学生和教授。对美国的穷人很少了解。有一年我的朋友让我帮他到郊区去买一头猪。卖猪的人五十多岁的样子，比我还小两岁，但牙齿已经掉了几颗。我问他是干什么的。他说没有工作，以前是搞建筑的，但把腰扭伤，干不了重活了。现在靠养几头猪维持生活。他的猪有一百多斤的样子，卖 120 美元。我问他这一头猪能赚多少钱。他说赚不了多少钱。买小猪花 50 元，还有喂养了四个多月的饲料，所以没什么赚头。我的那个朋友问他能否帮忙把猪杀死。那人说没问题，然后就大声将儿子从院子里的一个帐篷里唤出来，二十八九岁的样子，剃着光头。卖猪的男子告诉儿子帮忙把猪杀死。他儿子就从帐篷里拿出一支步枪，对着猪头打了一枪。猪叫了两声，挣扎一阵，就没有动静了。那小伙子又帮我们把猪抬到车上。我问他干什么工作，他说没有工作，自己高中没毕业，找不到工作。现在就住在父亲的地上的帐篷里。跟玛丽和她的丈夫一样，这也是一家没有什么希望的人。

往回走的路上，我对我的朋友讲，多亏那个小伙子开枪打的是猪。他没有工作，也看不到生活中有什么希望，如果他哪一天对我们这些开着好车、穿戴整齐的人产生不满，把他自己的不幸怪罪到我们这些人头上，拿枪对准我们这些人，那就麻烦了。这些人也都包括在共和党总统候选人洛美尼所说的靠政府救济生存的那47%的人口之中。如果没有政府的救济，这些看不到任何希望的人，无法勉强生存下去了，那么我前边担心的事，恐怕就真会发生了。美国的共和党人显然没有想到穷人也需要吃饭，如果他们到了靠合法手段吃不上饭、生存不下去的时候，那他们只能靠不那么合法的手段生存了。到那个时候，美国就有大麻烦了。

美国只有2%的人口是农民。这2%的农民不但生产了足够的粮食供应全美国，而且，美国还是世界上最大的粮食出口国。每年大约出口九千万吨粮食。[1] 但美国的农业全靠大型机械、大量的化肥和大量的除草剂等来维持。这样的耕作方式是不可持续的。而且，美国政府还要为其农业提供大量的补贴。根据环境保护组织的最新统计，2011年度，有26户农民获得一百万美元以上的政府补贴，十万户农民获得十万美元以上的政府补贴。一个种番茄的农民得到190多万美元的补贴。每年美国政府光投入农业保险金的补贴就高达140亿美元。[2] 如果没有美国政府的大量补贴，美国的农业会是什么样子不难预料，这是从另一个方面凸显出美国的农业危机。我在中西部的伊利诺伊州工作生活过几年。美国的中西部是美国的粮仓，一望无际的农田，一年只种一季。由于使用大型机械耕种，土壤高度板结。长期大量使用化肥、农药、除草剂，土壤中的微生物已经被大量杀死，土地里除庄稼外，很少杂草和野菜。在一个中国农民眼里看来，美国农业的未来堪忧。

因为只有2%的人从事农业，几乎所有的美国人都是生活在城里。城里的人，特别是年轻人不知道食物是哪里来的。好多人没有见过农村、庄稼和家禽和家畜等。即便是美国农民，一般也只是把种地看作一个赚钱的生意，很少有人把种地当作一种生活

---

[1] Lester Brown, "Can the United States Feed China?" *Washington Post*, Sunday, March 13, 2011.

[2] David J. Lynch and Alan Bjerga, "Taxpayers Turn U. S. Farmers into Fat Cats with Subsidies", *Bloomberg View*, Sep. 9, 2013.

方式。美国人的粮食太便宜了,美国人在食品上的花销只占其收入的百分之五六,很少人把吃饭看作人生最重要的事。一旦发生粮食危机,美国人应对的能力肯定要打折扣。

根据美国农业部的数据,2012年度,领取美国政府十五个食品补助计划之一的美国人口达到一亿零一百万,占总人口的三分之一。2012年度美国政府花在食品补贴上的费用是一千一百四十亿美元。[①] 美国三分之一的人口需要政府的救济粮生存,这从另一个侧面反映了美国的农业危机。

美国失业人口的比率是一个说不清的问题。美国政府只把仍在领失业补贴的人计算在其失业人口里。那些已经失业很久,不再找工作,也超过了领取失业保险两年期限的人,不被计算在失业人口里。美国政府认为美国的失业人口为百分之九左右。许多州的失业人口因为拿不到失业救济,开始拿残疾人救济。这样的人口占到百分之十到百分之十四。美国财政局统计数字显示,将近百分之六十的美国人口报税单里没有工作收入。这说明美国的人口中不能工作、不想工作,或想工作找不到工作人,占到了美国人口的大多数。对任何一个社会来说,这都是一个严重危机。

美国人口只占世界人口的5%,但美国的监狱里却关着占世界25%的犯人。除此之外,美国的拘留所里还关着一千万候审的嫌疑犯,平均每三十个美国人中,就有一个被关在拘留所里。美国纽约市的警察每年在大街上叫停搜查六十万人,大部分是少数民族青少年,其中80%的人无罪,有20%的人因为拒不配合搜查而被逮捕。美国社会不但失去了这么多监狱人口的生产力,同

[①] Elizabeth Harrington, "101M Get Food Aid from Federal Gov't; Outnumber Full-Time Private Sector Workers", cncnews.com, July 8, 2013 – 10:32 AM.

时还要花大量的资源关押这些人。美国关押犯人的费用平均是每年六万多美元,超过了一个美国大学生接受高等教育的年平均费用,相当于一个教师或消防员一年的工资。美国政府每年花在监狱管犯人上的总费用是 630 亿美元。① 美国纽约市关押一个犯人的费用更高达每年 16.7 万多美元,而该市的拘留所里每天平均关押 1.2287 名犯人。有人开玩笑说,让这些犯人住进纽约的高档酒店,每天管吃管住,也不会花这么多钱吧。②

美国的监狱人满为患,例如,加州的监狱人口已经超出监狱容纳能力的 144%,联邦最高法院已经命令加州解决其监狱人满为患的问题。现在加州已经开始提前释放其关押的犯人。③美国监狱的犯人如此之多,当然不是因为美国人天生好犯罪。美国是所谓的法治国家,法律条文多如牛毛。美国的警察也多,训练有素,装备精良,所以抓犯人的效率也高,这当然是美国监狱犯人多的表面原因。但更深层的原因其实是跟美国的农业危机联系在一起的。农业在大多数国家是基础产业,农业不光是为全社会提供社会最重要的、人们赖以生存所必需的食物,同时也是吸纳大量劳动力的场所。美国的农业只吸纳了 2% 的劳动力,土地集中在极少数的人手里。大量的城市人口找不到非农业的工作,只能靠失业救济金、社会福利金和其他非法手段生存。依我看,美国的农业失败了,就是因为它没有起到为更多人提供就业机会的缘故。

美国的吸毒和酗酒问题,也是困扰美国社会的一大危机。美

---

① CBC NEWS, *The Cost of a Nation of Incarceration*, April 23, 2012.
② "*Tax Payers' Cost of Housing NYC Prisoners Last Year MYM 167, 000 Per Inmate*", James Randi Educational Foundation, August 23, 2013.
③ Ian Lovett, "Court Gives California More Time to Easy Prison Crowding", *New York Times*, Feb. 10, 2014。

国人消费占全市界总数 70% 的毒品，大量人口吸毒。我在美国西伊利诺伊州立大学教书的时候，平均每周有一百二十多个学生因吸毒被逮捕（这个数字指的该州立大学还是该州？有歧解，当然，一所大学每周有这么多学生因吸毒被捕，非常不可能。从后面这句话看应该指后者，故建议将"平均每周"改为"该州平均每星期"）。我所任教过的大学也有严重的吸毒和酗酒问题。每当我的美国同事提议学校要想办法解决这个问题时，我总是告诫他们，吸毒和酗酒问题，是严重的社会问题，单凭一个学校的力量是没法解决的。如果你把吸毒、酗酒的学生都开除了，学校也只好关门了。

我认为，美国的毒品泛滥问题，也跟美国农业失败有关系。美国学生吸毒、酗酒，是受整个社会的影响，首先是因为他们的家长也吸毒、酗酒。当然美国人吸毒、酗酒，也是因为美国人有大量的钱去购买毒品，因为除了吃饭、穿衣、住房，好多人还有很多剩余的钱。我曾有一个美国室友，她爸爸给她交学费、房租，给她买衣服，给她吃饭的钱，外加每月八百美元的零花钱。她跟我说，她钱没处花，就买毒品。但是还有另外的情况，那些找不到工作的人，或者买不起毒品的人，就铤而走险，干起贩毒的勾当。按美国政府的统计数字，美国监狱的犯人，有 70% 是非暴力的罪犯，他们是因为贩毒被关起来的。

美国大城市的现代生活节奏很快，很多人的压力很大。从人类进化的角度来讲，我们人类在几千年来，几万年来，都是靠农耕社会慢慢进化来的。大部分人比较适应过去那种比较悠闲的生活。有的人比较能适应现代的快节奏、高度紧张的城市生活，有的人不能很好地适应，吸毒、酗酒，是他们减少压力的方式之一。如果美国的农业，能给这些不能很好适应高节奏、高度紧张的城市生活的人提供适合他们的田园生活，可能吸毒、酗酒的问题就会更容易解决一些。总而言之，美国的农业本来可以为更多的人提供有意义的就业机会，可以让更多无家可归的人有自己的家园，让更多的靠政府救济的人独立自主地生活，但是，土地的高度集中，却把这些人推向了城市，造成了美国的严重社会问题之一。

中 情 局
——美国全球霸权的双刃剑

提姆·唯纳的新书《尘封遗产——中情局风云录》通过采访中情局的高官，研究中情局的解密档案，把中情局历史上的各种无能和失误披露出来，可以帮助世人对中情局这个美国最神秘的政府机构有所了解。人们都知道苏联时期的国家安全机构克格勃的一些故事，但关于美国中情局的故事却知之甚少。通过提姆·唯纳的书，读者可以更多地了解中情局的一些内幕。

中情局的前身是第二次世界大战时期的美国战略服务办公室（OSS），成立于1942年，第二次世界大战后的1947年，杜鲁门总统改名为"中情局"，一直沿用至今。中情局主要职责是为美国总统及其他高官搜集国外情报，其主要监控对象不是美国公民。对美国公民的监控，需要美国司法部授权方可。美国是一个所谓的民主国家，公民对政府的运作有知情权。但美国中情局的内幕，美国人很少知情。中情局的经费、员工情况都是高度的机密，因为中情局的运作高度保密，即使美国国会对中情局的监管也很有限。中情局在国外的秘密行动，名义上必须由美国总统授权，但即使美国总统的这种监控有效的话，中情局几乎也是一人之下，全美国之上的一个机构。如果说战时为了国家安全，有效打击对手，中情局还算是必要的罪恶（necessary evil），而和平时的中情局就完全可以说是没有必要的罪恶了。

印裔加拿大籍教授哈锐·夏麻说过，我们这个世界上90%的灾难，是由美国造成的，他的这个说法是不无道理的。其实，美国在海外干的坏事当中的相当一部分，正是由中情局的秘密行动促成的。美国政府在世界上大力标榜自己的民主政治，极力在第三世界国家推行所谓的民主化，搞"顺我者昌，逆我者亡"的霸权主义。与此同时，美国中情局以冷战的名义，在中美洲以秘密行动的方式，推翻了十一个民众选举出来的民主政府，使资源丰富的中美洲，内战不断，民不聊生。① 直到20世纪80年代，美国中情局贩卖毒品筹资贩卖军火给伊朗，筹资支援尼加拉瓜的反政府武装在尼加拉瓜境内境外进行暗杀和破坏活动，让成千上万的尼加拉瓜人民家破人亡，中情局的暗箱操作才受到美国国会的调查，开始立法限制中情局在海外的暗杀行动等。中情局策划了巴西1964年的军事政变，推翻民选政府，导致军人执政至1985年。20世纪70年代，中情局以反共的名义，推翻了有社会主义倾向的智利民选总统阿连德，导致了皮诺切特政权的暴政当权，成千上万的智利左翼人士被杀。中情局为了暗杀敢于抗拒美国的古巴总统卡斯特罗，尝试了上百种暗杀手段。卡斯特罗可以说是大难不死。

在中东，1954年，中情局与英国情报机构联合策划导演了推翻伊朗的民选政府，扶持巴列维国王的独裁政治，直到1978年被伊朗人民的伊斯兰革命所推翻。在20世纪70年代，中情局策划支持萨达姆的复兴党推翻伊拉克政府，萨达姆上台后，成为美国在中东的一条恶狗，他对内疯狂镇压异己，对外挑起对伊朗长

---

① Walter La Feber, *Inevitable Revolutions: The United States in Central America*, New York: W. W. Norton, 1993.

达十年的战争，成为美国打击伊朗的急先锋。两伊战争中，中情局对伊朗和伊拉克双方出卖军火，大发战争财，一百多万伊拉克和伊朗民众死于战火。最后，中情局又提供萨达姆有核武的假情报。美国政府根据这一假情报，在萨达姆已经愿意投降的情况下，出兵伊拉克，推翻萨达姆政权。美国政府打着从萨达姆独裁政权下解放伊拉克人民的幌子，为的是以伊拉克为突破口，然后西攻叙利亚，东袭伊朗，彻底消灭危害其盟友以色列的潜在威胁。如果不是美国在伊拉克遇到伊拉克人民的强烈反抗，叙利亚、伊朗都将陷于战火之中。如果美国在中东得手，朝鲜作为布什的罪恶轴心的最后一个目标，就将在劫难逃。朝鲜解决了，剩下的就是中国了。美国就会支持中国台湾"独立"，挑起与中国的战争。如果中国为了中国台湾与美国开战，美国就会纠集其在中国周围的盟国，日本、统一后的南、北朝鲜，对中国南北夹击，那时，中华民族的厄运就会降临了。当然这一切，都因为伊拉克人民的抗美斗争，而没有得逞。

在亚洲，中情局更没有少干坏事。1965 年，中情局策动了印度尼西亚的军事政变，以反共的名义杀害了二三百万左翼人士，其中大多数是华裔，扶持苏哈托独裁政权在印尼执政 30 年之久。最后于 1998 年在美国搞起的亚洲金融风暴中由中情局策动了他的下台。美国中情局于 1965 年策动了柬埔寨的朗诺施理马达集团的政变，推翻了不肯与美国合作的西哈努克国王，导致柬埔寨这个祥和的佛教之国战乱不断，生灵涂炭。

冷战时期，为了与苏联争胜，美国中情局支持苏联国内的反政府武装。非洲今天的好多内战与分离主义的战争，都可以看到美国中情局的影子。50 多年来，中情局为了给中国政府制造麻烦，在美国西部训练西藏的叛乱分子，然后空投到西藏境内与中国人民解放军打游击战，搞暗杀破坏。失败后，又策动叛乱分子，挟持达赖喇嘛叛逃印度，在中情局的策动和支持下成立流亡政府。这些年来，中情局为了给达赖喇嘛的流亡政府披上合法的外衣，让他得诺贝尔和平奖，让他到各国演说，使达赖喇嘛可以在全世界招摇撞骗。达赖喇嘛自己已公开供认，他长期接受中情局的资助。达赖喇嘛实际上是中情局颠覆中国政府的一个工具。

在中国，美国及世界各地猖獗的"法轮功"组织、"民运"组织其实都是通过中情局的资助才能够呼风唤雨的。许多所谓的中国持不同政见者，如刘宾雁、王若望、吴宏达、魏京生、王丹、吾尔凯希等，都被中情局豢养过。"法轮功"的报纸《大纪元》、吴宏达的劳改研究所都是中情局赞助的。美国的民主基金会其实就是中情局支持所谓异议人士从事颠覆美国政府不喜欢的外国政府的幌子。

被美国政府称为恐怖组织的基地组织和塔利班，都是中情局当年策划扶持起来的。它们为了颠覆亲苏的阿富汗政权，于1979年底开始武装训练本·拉登和他的组织，在阿富汗从事反政府活动。苏联为了支持自己的盟友，于1980年出兵阿富汗，陷于一场无法获胜的战争，让美国坐山观虎斗。但具有讽刺意味的是，今天的基地组织和塔利班却成了美国人的死对头。

从某种意义上讲，美国政府建立的中情局是美国政府控制世界的一个难得工具，它给全世界造成了无数灾难。中国有一句老话，叫作"搬起石头砸自己的脚"。中情局在全世界作恶多端，让全世界人民渐渐看清美国政府的真正本质。什么民主，什么人权，全是美国政府用来推行其全球霸权的工具。为了美国的霸权利益，美国中情局无所不用其极，最终只能让全世界人民看清美国政府的本质。

中情局在世界上的运作，不仅限于上述军事方面。中情局还是高明的意识形态方面的斗士。据美国作家佛朗昔思·斯通的研究，写过《动物农场》和《一九八四》等家喻户晓作品的乔治·奥维尔就是中情局的合作者。[①] 他创造出的"人人平等，有的人更平等""极权国家""警察国家""老大哥"等词语，在西方成了诋毁社会主义国家的通称，为美国在冷战时期获取道德优势立下了汗马功劳。

在西方享有盛名的《中国季刊》就是中情局创办的，主要为了占有中国研究领域里的话语权。美国的"国际大赦"，美国的"自由之家"等组织，都是中情局发起的。他们冠冕堂皇地揭露别的国家，特别是不跟美国指挥棒转的国家的人权记录，评论别的国家的自由度，其实都是美国中情局的工具。大多数世人不知就里，难免受这些组织的左右。中情局将赫鲁晓夫的关于斯大林的秘密报告偷了出来，发表于1956年6月6日的《纽约时报》，导致95%的美国共产党员退党，90%的欧洲共产党人退党。这些共产党人把苏联看作是工人的天堂，苏联的社会主义事业是他们的信仰的支柱，而赫鲁晓夫的关于斯大林的秘密报告把斯大林变成恶魔，他们难以承受。结果，让中情局"不战而屈人之兵"。这是中情局少有的成就。

美国政府在中情局上花了大量的经费，尽管美国政府对中情局的经费秘而不宣。但许多人估计美国每年花在中情局上的费用，可能在500亿美元左右，这是一个巨大的数目。而且为了应付美国的反恐需要，应付美国在全世界的各种挑战，这种花费将

[①] Frances Stonor Saunders, *The Cultural Cold War: The CIA and the World of Arts and Letters*, New York: New Press, 2000.

越来越大。美国要控制全世界,要想维持其全球霸权,就离不开中情局这样的机构。但世界霸权也像毒品一样,让人上瘾,让人失去自制,让人明知道对自己有害,却又要继续吸下去,这是不以人的意志为转移的。但"聪明反被聪明误",世事总是如此。美国在全世界的军事扩张,中情局的坏事做绝,可能最终就是美国帝国垮台的契机。所以说,中情局充其量只是美国全球霸权的一把双刃剑。

关于中美关系未来的思考：
历史视野中的中美全球战略博弈

一 序言：从历史中把握美国的国家性质

在许多美国精英的眼里，美国是上帝的宠儿，上帝选中美国来占领本来属于印第安人的家园，上帝保佑美国，所以美国可以称霸全球。世界上许多精英，如现任联合国秘书长、韩国人潘基文，就多次在不同场合，对美国在世界上所发挥的作用感激涕零，认为没有美国支撑的世界将是不可思议的。许多中国精英对美国在世界上的霸主地位更是臣服得五体投地。如中国国防大学政委、中国人民解放军上将、曾在美国留学多年的刘亚洲将军就曾在自己的著述里和讲话中，多次称赞美国和美军，认为这个世界的霸主地位非美国莫属。当美国受到恐怖袭击，中国一大批知识分子，公开站出来讲"今晚是美国人"，对美国表示支持。其实，中国社会科学院、北京大学等全国一流大学的许多顶尖教授、学者，国务院系统许多研究机构里的研究员，如茅于轼、吴敬琏等，都是拿着中国政府的工资，同时享受着美国政府的金钱支持和保护，所做的工作却是全心全意为美国称霸世界做宣传，给中国人洗脑。维基解密的美国外交电文中提到的受美国政府保护的中国精英知识分子，有几百名之多。

其实，中国的情况并不是特例，全世界各国的精英，大都是接受美国教育，接受美国文化后回国成为精英的。美国的伊利诺伊州立大学的校长说过，美国人接受外国留学生是一个只赚不赔的买卖。如果这些留学生毕业后选择留下来，就成为美国发展的廉价劳动力，因为他们本国政府已经为他们支付了基础教育、医疗和抚养的费用。如果他们毕业后选择回国，他们就会成为美国文化、美国价值观、美国产品的代言人。中国情况的特殊性在于中国政府曾公开宣称，省部级以上的官员必须是接受过西方教育的人，没有拿到西方学位的省部级官员，都要到美国去进修深造。改革开放以来的三十多年里，中国公派、自费到美国留学的人数，一直居各国之首。我在美国四所大学学习、工作过，每所大学中的中国留学生，在各国留学生中都占压倒多数，近几年来更是如此。美国的俄亥俄州立大学，每年秋季入学的本科新生中，有两千多中国新生，研究生更有上千人之多。美国的密西根大学、密西根州立大学附近几乎变成了中国留学生的聚居地。有中国留学生在大学附近经营专门服务中国留学生的超市，生意红火，令美国媒体瞩目。中国政府的各级干部，上到国家领导人，下到省部级和县团级和各路知识精英、经济精英的子女，无不首选美国作为其留学目的地。中国共产党的组织部，近几年跟美国的数所大学（包括哈佛大学）合作，选派中、高级干部的预备人选到美国进修。改革开放这些年来，美国是实实在在地为中国培养他们自己的代言人。刘晓波只是千百万这样的代言人中的一分子。这就是为什么著名的美籍华人笑星北美崔哥挖苦说，世界上最爱美国的是中国人。中国人爱美国爱得死心塌地，爱得不容商量。谁敢在中国说美国不好，简直就是大逆不道。我在《中国日报》上著文批评美国政府的外交政策，常常受到国内一些爱美国的中国人的围攻。著有《C型包围圈》的戴旭，也受到中国知识精英的围攻。北大前校长周其凤因批评美国的教育，也遭北大和其他大学的学者诟病。

中国的精英基本上是没有与美国为敌的动机和愿望的，他们心甘情愿地跟在美国的后面，做负责任的大国、做老二。我们的改革开放总设计师邓小平同志在改革之初所筹划的韬光养晦战略，本意是隐蔽中国的战略意图，迷惑美国人，以便赢得和平发展的机遇。但是三十年的韬光养晦，没有迷惑美国人，倒成功地迷惑了我们自己的精英。美国的精英没有上总设计师的当。美国人是不会允许中国安安稳稳地做老二的。

近一两年，西方的一些金融机构一再预测今年年底前后，中国的国民经济总量按购买力计算要超越美国，成为世界最大经济体。这在许多世人的眼里，本来应该是一件值得夸耀的事情。但中国政府却一再强调西方的计算方法有误，否认中国将超越美国。这在许多人看来好像有点不可思议，但从中国在改革开放以来的韬光养晦战略来看，却是合情合理得很。我们不想出头，我们已经成了《甘露寺》里的贾桂，做惯了下人，不想直起腰了。在我看来，中国的经济实力早已超过美国，不是今年，而是过去的某年。从经济角度来看，美国只是一个空架子而已。其国民生产总值虽然按美元计算是世界第一，但其第一产业只占1%，制造业只占9%，其国民生产总值的90%是服务业，相当一部分，是看病吃药的钱，占国民总收入的16%；还有打官司的钱，美国有一百多万名律师，每300人中就有一个，超过医生的数量两倍还多，而每700人中才有一个医生。美国纽约州的最大出口项目是律师费，说白了，美国人只是会花钱，而且是花借来的钱，花滥印的钱，花通过华尔街操纵国际金融市场忽悠来的钱，而且钱往往花在不该花的地方，如关押犯人。美国人很清楚，他们只能靠其世界霸主地位才能继续这样生活下去。一旦其霸主地位受到挑战，就意味着世界的力量格局的重大变化，美国将无法按照旧的生活方式继续生存下去。所以美国是决不会让中国和平发展下去，最后挑战或取代其霸主地位的。这是不以人的意志为转移的，这就是近几年的美国民意测验中，越来越多的美国人感到中国取代了任何别的国家，是其最重大威胁的原因。

二 美国崛起的历史思考

许多人以为美国是一个移民国家，是全世界众多民族与文化的大熔炉。但他们不知道的是，众多移民的到来，并没有改变美国的基本立国理念。1609年第一批欧洲移民到达弗吉尼亚的简木思城，1619年第二批欧洲移民到达马萨诸塞州的普雷梅斯。这些经过长途航行到达美洲的欧洲移民，身体虚弱，供应不足，当地印第安人，为他们提供了许多援助，使这些欧洲移民站稳脚跟。但站稳脚跟后的欧洲移民很快就与印第安人发生了战争。不同的印第安部落被一个个击败，印第安人被赶出他们的家园。美国陆军从东海岸的北卡来罗那州将印第安人部落的男女老少，往西部驱赶，美国人自己的历史书上称为"血泪之旅"。许许多多的老弱病残，因为冻、饿和疾病惨死在路上。美国人把带天花的毯子，送给印第安人，让天花在没有免疫力的印第安人中传播，造成大量印第安人死亡。美国人为了骗取印第安人的土地，跟印第安人签署了几百个条约，但后来没有遵守任何一个。美国人把跟弱者签订的所谓条约，视作废纸一样。一些印第安人表示愿意臣服美国，做好的印第安人，但美国人的回答是，在他们看来，只有死了的印第安人才是好的。美国人将印第安人赶尽杀绝，完全占领了从东海岸到西海岸的广袤土地。美国人把占领印第安人土地的领土扩张，称为"上帝交给他们的使命"（Manifest Destiny）。占领完印第安人的土地后，1845年上台的美国总统普克发动了对墨西哥的战争，与墨西哥订立"城下之盟"，夺去了墨西哥一半的国土，现在美国的加州、得州、新墨西哥州、阿里桑拿州、科罗拉多州等都曾是墨西哥的领土，大约占美国总领土的三分之一。这就是为什么西班牙民谣说，可怜的墨西哥，离上帝太远，离美国太近。

美国人实现了从东海岸到西海岸的一统天下之后，就开始了对海外的扩张。美国人选择的第一个目标，是衰落了的西班牙帝国。1898年，美国一战击败西班牙，占领了西属殖民地古巴和菲律宾，第一次有了海外的殖民地。实现了从一个以前的英国殖民地向拥有海外殖民地的国家的过渡。当时的美国总统麦肯利装模作样地说，他不知道如何处置古巴和菲律宾，因此晚上睡不着，在白宫里走来走去。一天晚上，他跪到地上，向上帝请教如何做是好。上帝告诉他占领古巴，殖民菲律宾。做出这个决定之后，麦肯利总统就安安稳稳地睡着了。

美国决定殖民菲律宾的时候，菲律宾已经宣布独立，成立了菲律宾共和国。美国派出军队镇压菲律宾的独立运动。二十多万菲律宾人死于美国的镇压，美国人杀红了眼，美军指挥官史密斯将军下命令说，给我杀，给我使劲杀，杀得越多，我越高兴。下级问他以多大年龄为限，他说十岁以上的统统杀。美军在菲律宾的杀戮，甚至激怒了美国人。美国人成立了反帝大同盟，美国著名作家马克·吐温就是这个反帝大同盟的副总统。在美国人民的抗议下，美国政府派后来成为美国总统的老罗斯福做菲律宾总督，用怀柔政策取代杀戮政策。美国人在菲律宾及其他亚洲国家实行怀柔政策，给美国人赢得一个雅号——"温情帝国主义"。

获得菲律宾和古巴的时候，美国还只是列强中的小弟弟，在国际事务上的发言权有限。第一次世界大战中，欧洲列强陷于四年之久的厮杀，杀得难分难解。当战局开始明朗的时候，美国参战，成了战局的决定者，对美国国际地位的提升起了重要作用。第二次世界大战中，英、法对德、意大战，美国严守中立策略，利用其中立国地位，向战争的双方出卖军火，先是现金交易（cash and carry），一手交钱一手交货，大发战争财。大量的黄金从交战国流向美国。当英国没有了现金后，美国又以信贷的方式向英国、苏联提供军火。在日本袭击珍珠港以前，美国一直向日本出售军用物资。日本袭击珍珠港，美国成了第二次世界大战的参战国，但战争一直在美国以外的战场进行，美国本土没有受到任何破坏。美国的参战，对战胜德国法西斯起了决定性的作用，又一次在关键时候决定了世界力量的格局。第二次世界大战中美国实现了真正的崛起，美国在世界的地位达到了顶峰。1944年第二次世界大战结束前，美国就开始主导联合国的成立。1945年第二次世界大战结束时，美国拥有占世界黄金总量的75%，其国民生产总值占世界的50%。美国几乎是全世界的债主，还是当时世界上唯一一个拥有并使用过原子武器的国家。

更重要的是，在拥有世界上最强大的军事、经济实力的同时，美国还积累了巨大的道德优势。第一次世界大战时期的美国总统威尔逊，以"民主、自决"为旗帜，在世界上赢得许多殖民地人民的拥护，如越南的胡志明就曾赴法国凡尔赛和会，希望美国总统威尔逊主持公道，让越南独立。第二次世界大战中，1941年的8月，美国总统罗斯福邀请英国首相丘吉尔接受战后大英帝国必须让其殖民地的人民掌握自己命运的《大西洋宪章》。丘吉尔是一个坚定的帝国主义主义分子，他在自己的日记中写到，要让大英帝国放弃自己的殖民地,除非从他的尸体上迈过。但英国的生死存亡有赖美国的支持,丘吉尔只得向罗斯福妥协,与罗斯福一起签署《大西洋宪章》。《大西洋宪章》的签署,让罗斯福总统本人和美国在殖民地人民中赢得巨大的道义上的支持。("大西洋公约"和"大西洋宪章"是一回事吗?)

三 美国衰亡的历史必然

不幸的是,罗斯福总统过早去世,继任的杜鲁门毫无道德原则,对美国反对殖民主义的外交政策不甚了解。他上台伊始,就请已经下台的丘吉尔到他的家乡西冈斯特学院作毕业典礼致辞,于是举世闻名的铁幕讲话出台了。美、苏开始冷战。第二次世界大战后,越南领导人致信杜鲁门,要求美国支持越南独立。但杜鲁门毫不理睬,反而支持法国重返其在印度支那的殖民地。当法国人被越南人民包围,陷于困境,请求美国支援时,美国参谋联席会议竟然建议法国使用原子弹。印度尼西亚总统要求杜鲁门支持印尼摆脱荷兰殖民统治,美国人也不予理睬。美国对英、法及荷兰企图恢复其过去殖民地的行动都是支持的。美国改变其传统的反对殖民主义的外交政策,支持英、法等返回其殖民地,让美国在世界上丢掉了道德制高点。

美国对中国的外交政策更是一笔糊涂账。罗斯福总统为了战后亚洲的和平,希望国、共两党谈判成立联合政府。当时的国民党需要美国的支持才能在中国生存下去,如果美国一碗水端平,施压蒋介石,就能逼蒋接受联合政府的主张。当时共产党人力量弱小,愿意接受联合政府的主张。中国本来有和平的希望。但杜鲁门有反共心结,一意孤行地支持蒋介石内战。本来美国完全可以置身中国内战之外,让国、共自己解决自己的矛盾。没有美国的大力支持，蒋介石也未必会对共产党大打出手。有了美国的无条件支持，蒋介石认为有了必胜的把握，便毫无顾忌地开始了全面内战。共产党虽然没有人数上的优势，没有武器上的优势，但共产党的土改政策，深受广大中国农民的支持。而国民党的腐败政府，已让国统区的人民怨声载道，蒋介石政府的接受大员的贪腐行为，又致使该政府丧失了其"敌占区"民众的支持。占有道德制高点的中国共产党，受到广大农民的支持，在短短三年里就打败国民党八百万军队，建立了新中国。可以毫不夸张地说，美国的外交政策从反面促成了中国共产党的成功。中国共产党军队的大部分装备，都是美国送给蒋介石的，随后被人民的军队从蒋介石手里夺了过来。

美国不甘心其在中国的失败，认为他们给蒋介石的支持还不够多、不够早。他们尤其后悔没有亲自参战，不然蒋介石就不会失败，共产党就不会胜利。于是又挑起朝鲜战争。美国远东军事当局总司令麦克阿瑟将军就一再表明，要用朝鲜战争改写中国内战的历史，要帮助蒋介石重返大陆，并要在朝鲜战场使用国民党军队。毛泽东主席顶着巨大的压力，毅然出兵支援朝鲜。中国人民、中国人民志愿军，付出巨大的牺牲，最终战胜以美国为首的联合国军。中国在朝鲜战场上的胜利是前无古人的以弱胜强的战例。打出了中国的国威，打出了中国的国际地位。从某种意义上讲，正是美国愚蠢错误的外交政策，造就了新中国，造就了中国共产党的领袖毛泽东主席的一世英名。

美国不甘心在朝鲜的失败，又在越南插手，一步一步陷入越南战争的泥潭。越南战争十几年，美国政府损兵折将，美国财政陷于严重危机。美国政府不得不于1970年放弃金本位的货币政策，让美国在国际上的地位大受损害。受中国的"文化大革命"

的影响，欧洲、日本和美国兴起了轰轰烈烈的青年反战运动，美国政府被搞得焦头烂额。1972年，美国总统尼克松为了摆脱在越南的困境，不得不谋求与中国改善关系，亲自到毛主席的书房与他会谈。一个世界超级大国的总统，到一个第三世界国家的领袖书房去甘拜下风，正如尼克松在会见毛泽东主席所说的那样，主席先生你改变了世界。尼克松到中国的这件事本身已足以表明世界的政治力量格局已经改变。美国人遇上毛泽东这样的对手，是美国的不幸，但正是美国的愚蠢及其错误，给了毛泽东一个改变世界的机会。美国人曾预言中国人只有向美国乞讨才能养活自己的庞大人口。美国人封锁中国、制裁中国，并扬言在打败中国前不跟中国贸易。因为中国人民有毛泽东的领导，美国人的图谋失败了。美国人的封锁，造就了一个独立自主的、拥有完整的工业体系的人民共和国。正是毛泽东的成功，中国的成功，造成了美国衰败的趋势。

四　中国崛起给美国带来的恐慌

第二次世界大战结束以来，世界的大趋势就是美国在一天天衰败下去，中国在一天天地强盛起来。20世纪50年代、60年代和70年代，在西方封锁制裁下，中国人为了温饱，为了强壮自身的肌体，埋头苦干三十年，让中国人民的面貌焕然一新。新中国成立前，中国是闻名世界的"东亚病夫"，当时的人均寿命不到35岁，文盲率占人口的90%。中国人毫无工业基础，是真正的一穷二白。美国人不担心中国会有经济实力与美国叫板，认为他们与中国的主要分歧是意识形态上的分歧。这就是为什么美国精英把希望寄托在对中国的第三代、第四代的和平演变上。但是毛泽东主席为了应对美国的和平演变战略，发动了"文化大革命"，把"和平演变"主战场推到了作为资本主义中心地带的美国、法国、日本。受中国"文化大革命"的影响，美国、法国等欧洲国家，还有日本，都兴起了轰轰烈烈的青年学生运动，实实在在地对资本主义世界和平演变了一把。毛泽东思想在西方世界的传播超过了《圣经》，其著作的印刷量达到三十亿册。从来没有一位来自东方的第三世界国家领导人的思想像毛泽东思想那样被西方的年轻人所接受。

今天的中国和美国没有很大的意识形态分歧，但中、美两国之间的国家利益竞争却上升到支配地位。中国人口世界第一，中国国土面积世界第三，中国有五千年的文明史。古老的中国文化传统，培育出毛泽东这样的伟人，能够在短短的三十年让中国这个被西方列强欺凌一百多年的半殖民地、半封建的国家重新站立起来，傲视群雄。又在短短三十年的改革开放过程中，把中国建成了世界的工厂。中国产品充斥美国市场，走向非洲、东南亚、拉丁美洲。中国人民的勤劳、智慧，中国人的爆发力，让美国人第一次感到了中国这个对手的厉害。如果让中国继续这样发展下去，美国只有做世界老二的份了。所以，美国一直在给中国的发展制造障碍。美国支持"台独"势力、"疆独""藏独"势力、"港独"势力，支持"民运"和"法轮功"，以牵制中国的发展。中国今天所面临的所有问题都跟美国有关。美国总统奥巴马在澳大利亚的国会演讲，公开讲绝不会允许中国人达到发达国家的生活水平。中国和美国的国家矛盾，已经发展到势不两立的地步。

五　美国对付中国的战略布局

1991年，苏联解体，美国成为世界独霸，当时的美国总统老布什就诱惑萨达姆入侵科威特，然后，美国联合其盟友，高举支持科威特，反对伊拉克侵略的"正义"旗帜，发动第一次海湾战争。萨达姆一败涂地，元气大伤。美国布什政府携第一次海湾战争胜利的余威，制定新世界秩序的战略。借世界独霸的地位，无与伦比的军事实力，武力改变世界政治格局。他们的计划是首先占领伊拉克，然后东进伊朗，西击叙利亚，然后打击北朝鲜。再然后，支持中国台湾独立。一旦中国政府介入，阻止中国台湾独立，中、美就会发生战争，美国就会从北边、南边、西边、东边，对中国发起全方位的进攻。但是老布什1992年竞选连任失败，这个新世界秩序的计划落空。

2000年，小布什在一片争议声中当选总统。老布什的新世界秩序的原班人马复出执掌美国政府的主要部门。车尼任副总统，拉美费尔德任国防部长，沃夫沃茨任国防部副部长。布什上台不久就提出"邪恶轴心"和"邪恶轴心边缘"的概念，并借"9·11"恐怖袭击事件，入侵阿富汗，然后编造谎言入侵伊拉克。如果美国在伊拉克得手，那其他的"邪恶轴心"和"超邪恶轴心"的国家就会遭殃。但伊拉克人民和阿富汗人民不断抗击美国的入侵，让美国重新陷入越南式的战争泥潭，美国在伊拉克、阿富汗损兵折将，伤亡惨重，几万亿美元的战争花费，让美国深陷财政危机。2007年的金融危机，重挫美国的金融和经济。美国在伊拉克、阿富汗遭受的挫折，让中国获得了难得的发展机遇。中国开拓了东南亚市场和非洲市场，并在美国的传统后院拉丁美洲，大有斩获。

奥巴马上台后，意识到来自中国的挑战，提出"重返亚洲"和"亚洲再平衡"战略。除继续支持"台独""疆独""藏独""港独""民运"和"法轮功"势力外，美国还支持日本安倍政府在钓鱼台群岛的主权问题上挑战中国,并怂恿越南、菲律宾等国在传统的中国领土上挑战中国的主权。美国正在中国的东海、南海布置一个群狼战略,引诱中国陷于与邻国的领土之争,消耗中国的国力。如果中国陷入与日本、越南、菲律宾等任何一国的领土争议的战争,美国就会有主动权,利用与日本和菲律宾的盟国关系,选择介入的时机。如果中国与越南因领土争议开战,美国则可以维护南海和平的名义,调动其盟友介入战争。可以说,中国现在的国际处境非常险恶,需要慎重、严肃地对待。中国政府必须认识到,美国是中国国家安全、领土安全的最大威胁,中国必须准备与美国进行决战,并从现在起就开始全方位地准备。

六 不战而屈人之兵的可能性

如果中国有与美国一决雌雄的决心与意志,并开始积极准备,中国仍有不战而屈人之兵的可能。美国向来是欺软怕硬的,只要中国做好与美国一战的态势,美国未必敢与中国一战。中国不应该轻易卷入与日本、越南、菲律宾的领土之争。中国应该向全世界申明,中国愿意为了和平与邻国进行谈判。但中国不能容忍美国怂恿别国挑战中国的主权。中国必须以强硬的姿态警告美国,中国政府和中国人民不能容忍美国支持"台独""港独""藏独""疆独""民运"和"法轮功"势力,不会容忍美国支持日本、菲律宾、越南挑战中国的领土完整。中国如果要打,就应该选择直接打美国,而不是越南、菲律宾或日本。中国若打菲律宾、越南或日本,难免有欺软怕硬之嫌。如果中国敢打美国,则日本、中国台湾、菲律宾、越南的问题就都解决了。

中国必须加强与俄罗斯的关系。美国支持乌克兰的骚乱,威胁俄罗斯的国家安全。美国正在犯严重的战略错误。中国要抓住这个时机，发展与俄罗斯的盟友关系。发展与俄罗斯的盟友关系，对中国的国家安全至关重要。美国已经把中国看作其头号竞争对手。美国在搞亚洲再平衡战略的同时，挑战俄罗斯。中国必须抓住美国的战略错误，把眼光放长远，发展与俄罗斯的盟友关系。中国若与俄罗斯联手，美国绝不敢轻易同时挑战中、俄。

中国必须发展与朝鲜的关系。中国必须认识到朝鲜的安全关系到中国的国家安全。对待朝鲜绝不能搞大国沙文主义。中国不应该反对朝鲜搞核武器，应该学美国默许以色列发展核武的先例。朝鲜拥有核武，不是对中国的威胁。一个繁荣富强、拥有核武器、不惧美国与日本威胁的朝鲜，对中国的国家安全非常重要。

中国应该努力发展与印度和巴基斯坦的友好关系。我们要坚定不移地发展与巴基斯坦的传统盟友关系。让印度感到与中国为敌没有好结果，并让印度尝到与中国发展友好睦邻关系的甜头。

中国应该发展与东南亚国家的友好合作关系，让它们从中国的发展中尝到甜头。中国还应该进一步发展与非洲国家的友好合作关系，帮助非洲国家发展经济，加强自卫能力。如果西方国家胆敢欺负非洲国家，中国应该毫不犹豫地出手支援。绝不能像对利比亚那样，置身事外，撤侨了事，让英、法、美对利比亚狂轰滥炸，达到其战略目的。要理直气壮地出兵保护我们的侨民、我们国家的利益和所在国的利益。我们当时如果不是撤侨，而是派出一个特种兵部队去利比亚保护侨民，英、法、美绝不敢那样猖狂。利比亚的卡扎菲政权就不会垮台，我们在利比亚也不会遭受如此大的损失。如果我们不敢为第三世界国家撑腰，我们就不会在第三世界国家有真正的朋友。

中国在国际舞台上要敢于主持正义，为弱小国家仗义执言，只有这样,中国才能在国际上占有道德制高点。在联合国安理会,要敢于亮剑。不要一味地滥用弃权票,要旗帜鲜明地支持我们的盟友,理直气壮地支持第三世界的弱小国家。

最重要的是,我们应该加紧我们的国防建设。中国是安理会常任理事国中唯一一个没有解决领土完整问题的国家,中国还是安理会常任理事国中唯一一个仍然允许西方在领土完整问题上说三道四的国家。中国必须加强自己的战略海军、战略空军的力量。中国必须有自己的军事威慑能力,要在国际事务中,当老虎,当狮子,不要怕别人说中国"威胁"。如果中国没有威慑别人的军事实力,中国就将永远受西方的威慑与欺负。

中国真正有了威慑美国的军事能力,中国就有了"不战而屈人之兵"的可能性。

(本文是作者2014年夏天在河北大学国际历史学研讨会上宣读的论文)

美国和西方的中国研究简介

序　言

美国和西方对中国的兴趣经久不衰，不少大学都有以中国研究为主的东亚研究中心和专业。近几年来，随着中国经济的高速发展及其与国际经济的接轨，西方对中国研究的兴趣更上一层楼。出现了大量的相关著作和杂志。本章主要介绍不同历史阶段美国和西方中国研究中的一些主要人物和作品以及产生这些人物和作品的社会原因。我们拟从五个主要阶段来讨论这个题目。第一阶段，早期到第二次世界大战结束为止；第二阶段，从"冷战"开始到中国的"文化大革命"；第三阶段，是60年代和70年代，即中国的"文化大革命"时期和西方的学生运动时期；第四阶段，是后"文化大革命"时期；第五阶段，是1989年后的时期。每一个时期的中国研究都有其代表作品和人物，从中我们可以看出西方中国研究的一些大的趋势和问题。

20世纪80年代担任美国众院议长的欧尼尔（Thomas Philip O'Neill）说，所有的政治都是当地的。他的意思是，美国政客在美国政治舞台上的所有活动，都是以他所在社区的政治为出发点。这也可以从另外一个角度来看，就是美国人对待政治的态度和立场，离不开当地政治的角度。我认为欧尼尔的话，恰如其分地描绘了美国政治的特点。我今天要把欧尼尔的话延伸一下，美国人所做的中国研究，其实基本上也是出于美国的政治经济和其他方面的需要。我刚到美国时，看到美国人笔下的中国，跟我所知道的中国相差太远，简直不是同一个国家。当时尚算年轻的我曾为此大发感慨，并因此改变了我到美国留学的初衷，由学美国的外交史，改学政治学，以便弄清楚为什么美国人笔下的中国跟实际上的那样不一样。当年在佛蒙特大学，我曾问司迪尔教授，为什么在不同人的笔下，同样的中国被写成完全不同，简直是天壤之别的东西呢？他没有直接回答我的问题，只说这是个很有意思的问题。其实，这就是我们的古人所说的仁者见仁、智者见智而已。后来，我改学政治学。从政治学的角度来说，就是每一个人都有自己看问题的不同角度，也就是所谓的政治偏见。这些政治偏见来自不同国家的不同政治教化、不同的教育制度、不同的舆论导向。同一国家的人，有生活区域的差别，社会背景的不同。即便是同一家庭的人也有年龄的不同、生活经历的不同、阅历的不同。所有这一切，无不影响我们看问题的角度。除了这些自然因素外，美国的中国研究好多是不同政府机构、各种基金支持的。这些政府机构和私人基金，都有形形色色的偏见，研究者要得到研究经费，往往自觉或不自觉地迎合这些偏见，所有这些都是很自然和正常的。关键是要承认并了解这些偏见。本文是从我个人的角度来看待美国和西方的中国研究，由于这个题目浩瀚巨大，个人阅历有限，只能挂一漏万。所以其中难免充满一己之偏见，希望以此求教大方。

第二次世界大战前美国和西方的中国研究

第二次世界大战前美国和西方的中国研究成果，主要由传教士和少数来华的专业人士做出。传教士的中国研究有两个特点：

从海外看中国

一是他们在中国居住时间较长，与中国民间接触较多、较深，所以对中国的了解也比较深；二是传教士毕竟是传教士，他们来华是为了传教。要完成传教的使命，他们需要得到教会财力和道义上的支持，因此，他们需要不断地向教会介绍他们在中国的工作，向教徒介绍他们与之工作的中国人和中国社会是什么样子，因为美国及西方的教会的主要财政收入来自教徒的支持。由于这两个特点，传教士关于中国的介绍一是表现出他们对中国有较深了解，二是表现出他们迎合教会和教徒的期望及因此带有偏见的倾向。在传教士笔下的中国社会和中国人，是迷途的羔羊，他们有人的原罪，但是又是无助和可爱的，需要西方的帮助和拯救。第二次世界大战前的中国饱受西方列强和暴发户日本的欺凌，可以说是国破家亡，民不聊生。西方人笔下的中国人往往要比现实更加无助，这样方能显出中国需要传教士的拯救和传教工作的意义。最能说明西方人对中国人和中国社会看法的，莫过于赛珍珠（Pearl Buck）的《好土地》（*Good Earth*）。[①] 赛珍珠本人不是传教士，却出生和生长在一个传教士家庭，她在中国度过近四十年的时光。《好土地》写的是安徽农民王龙，为人精明，吃苦耐劳，但有不少恶习。《好土地》所展现的中国社会充满动乱，中国人面临饥饿的威胁。言外之意是中国人需要传教士，需要西方来拯救。该书1931年发表后，连续两年荣登最畅销书排行榜。1935年，获美国普利策奖和瑚维尔奖章。1937年，还被改编为电影。1938年，赛珍珠获得诺贝尔文学奖。直到今天，不少美国教授将《好土地》作为了解20世纪30年代中国社会的必读书目。

传教士到中国来，主观上当然不是为了了解中国文化，也不

[①] Pearl Buck, *Good Earth* (New York: John Day Co., 1931).

是为了向美国和西方介绍和传播中国文化,但客观上确实对中国文化向美国和西方的传播起到了许多意想不到的作用。他们动员了教会和民间的巨大资源,做到了任何个人和政府难以做到的事情,传教士拖家带口深入到中国各个角落,在向中国人推销他们的《圣经》的过程中,了解了中国社会和中国人。传教士与本土教会的书面联系及定期返回本土的休假,又使教会和民众对中国保持着千丝万缕的联系。当然,按照许多亚洲人的说法,传教士两手空空来到亚洲,除了一本《圣经》外,别无他物。但几年后,亚洲人手里有了传教士的《圣经》,而传教士手里则有了亚洲人的土地。① 用一般中国人的说法,这叫行骗有术。但中国人需要反思的是,为什么他们能够得逞。我曾跟我的一个美国同事辩论,我说美国及西方的强大得益于其宗教组织,而不是宗教本身。西方能够打败广大的第三世界国家,控制这些国家,掠夺这些国家的财富,奴役这些国家的众多人口,就是因为教会使他们的社会有凝聚力。每个社区都有一个到几个教堂,早先几乎每个人、每个家庭都属于某一个教堂,这样他们就能够有比较统一的意志和行动。我的美国同事不以为然,但我对此却坚信不疑。我认为,组织起来就有力量。一个人力量有限,几个人组织起来,力量也有限,但较多的人组织起来,其力量就大得很。这也可从毛泽东和中国共产党走过的路得到证明。没有毛泽东、共产党的中国是一盘散沙,毫无凝聚力可言,这就是为什么小小的岛国大不列颠可以战败中国,迫使中国割地赔款。而组织起来的中国解放区的军民却可以与武装到牙齿的日本人周旋上八年,而且越战越勇,越战越强。我在美国的日本学生,总认为第二次世界大战

---

① "The Pacific Century", *The Annerberg/CBS Collection*, S. Burlington, VT 0540-72345.

中，日本不是被中国打败的，而是被美国打败的。我说就算1945年不是中国独力打败日本的，但你总得承认美国打败了日本吧。但中国有了共产党的组织和领导，打败日本只是个迟早的事。他们问我何以见得。我说1950年的中国在朝鲜战场上打败的已经不是美国一国，而是以美国为首的西方世界。你能说中国打不败日本吗？只有这时日本学生才会认识到日本必败的道理。英国记者贝特兰（James Betram）的《中国的第一举动——西安事变的故事》（*First Act in China, The Story of the Sian Mutiny*）（1938），以及此前的《中国的危机》（*Crisis in China*）（1937）和此后的《中国北方战线》（*North China Front*）（1939）都是研究30年代中国的好书。他的书比较客观地介绍了"西安事变"发生的原因和过程以及中国共产党领导的抗战活动。贝特兰访问过共产党领导人毛泽东，那篇访谈收入《毛泽东选集》第二卷中。可惜，战后贝特兰回到他的出生地新西兰后，改行做了英国文学教授，他关于中国的知识和才能没有了用武之地。说到第二次世界大战前美国和西方对中国的研究，不能不提斯诺（Edgar Snow）的《西行漫记》（*Red Star over China*）。斯诺是一个有社会正义感的人。应该说，美国和西方还是有很多像斯诺这样的人的，如英国的萧伯纳（Benard Shaw），加拿大的白求恩，和写过《战地之歌》（*Battle Hymn of China*）的史茉特莱（Agnes Smedley）。他们同情弱者，愿意为社会正义做出牺牲。斯诺冒着生命危险，冲破国民党当局的封锁到达陕北，采访了毛泽东等中国共产党领导人，写出了《西行漫记》一书，是第一个从正面向美国和西方介绍中国共产党的人。《西行漫记》让美国和西方人对中国共产党有了初步的了解。可以说《西行漫记》对中国共产党走向世界舞台起了重大作用。至今许多美国关于中国的课程，还把《西行漫记》作为必读书目。第二次世界大战期间，还有另外一批中国通，他们就是史迪威（Joeseph Stilwell）将军和他派到延安的美军观察员。史迪威将军以多种身份在中国待过很长一段时间，他通晓中文，了解中国文化。他派到延安的美军观察员有几人通晓中文，特别是谢伟思（John Stewart Service），他们给华盛顿写了几千页的报告。1947年，这些报告以《美亚文件》（Amerasia Papers）（1947）的书名出版，报告的内容涵盖中国政治、经济、中国共产党的组织和政策诸领域，是美国的中国研究的一个重要部分。第二次世界大战之后，国、共两党内战，共产党获胜，这已经在美军驻延安观察员的报告中被预见。但美国朝野难以接受中国共产党人的胜利，共和党开始谴责民主党控制的国会和政府丢掉了中国，导致中国共产党在中国的胜利。在20世纪50年代初麦卡锡主义时期，谢伟思（John Stewart Service）、包瑞特（David Barrett）等美军驻延安观察员等受到调查。谢伟思被外交部开除并被逮捕，生活和事业被彻底破坏，包瑞特也被剥夺升迁机会。

第二次世界大战结束到中国"文化大革命"前的美国和西方的中国研究

如上文提到的，美国的中国研究在第二次世界大战结束后的相当一段时间里，受美国国内政治的影响，陷于谁丢失中国的争论中。共和党为了争取选票，利用美国民众对共产主义的无知和恐惧，大肆鼓吹民主党政府被共产党人和共产党同情者所渗透，美国政府对国民党蒋介石的援助太少、太晚，所以导致中国共产党在中国胜利。民主党则千方百计地要证明，共产党人在中国的胜利，不是因为美国对国民党蒋介石援助太少或太晚，而是蒋介石和国民党政权太腐败、太不得人心，是扶不起来的阿斗。《毛泽东选集》里的《别了司徒雷登》一文提到的美国国务院的白皮书《美国国务院：美国的对外关系》(*U. S. Department of State, Foreign Relations of the United States 1946*) 就是杜鲁门的国务卿艾奇迅为了摆脱杜鲁门政府对蒋介石政权在中国大陆失败的干系而做的努力。美国政界的这场争论在学术界充分反映了出来，可以说，大部分美国和西方的中国研究学者都或多或少地参加了这场论战。这场论战也是持久的，尽管第二次世界大战刚结束后到朝鲜战争期间是高潮，到尼克松访华后慢慢减少，一直到90年代，还有关于这方面的学术著作发表。参加这些论战的主要学者有邹谠，著有《美国在中国的失败》(Tang Tsou, *American Failure in China*, Chicago: The University of Chicago Press, 1953)；费思(Hebert Feis)，著有《中国的乱局》(*The China Tangle*, Princeton: Princeton University Press, 1953)；库波克(Anthony Kubek)，著有《远东是怎样丢掉的》(*How the Far East was Lost*, Chicago: Henry Regnery Company, 1963)；切恩(Kenneth Chern)，著有《在中国的两难困境》(*Dilemma in China*, Hamden: Archon Books, 1980)；安德森(James Reardon Anderson)，著有《延安与世界列强》(*Yenan and the Great Powers*, New York: Columbia University Press, 1980)；舒马克(Kenneth Shewmaker)，著有《美国人与中国共产党人的交往》(*Americans and Chinese Communists 1927—1949*, Ithaca: Cornell University Press, 1971)；谢伟思(John Stewart Service)，著有《在中国失去的机会》(*Lost Chance in China*, New York: Random House, 1974)；思顿(Gunther Stein)，著有《红色中国之挑战》(*The Challenge of Red China*, New York and London: McGraw Hill, 1945)；塔克曼(Barbara Tuchman），著有《史迪威与美国在中国之经历——一九一一至一九四五》，（*Stilwell and American Experience in China 1911—1945*, New York：The MacMillan Company，1971）；包瑞特（David Dean Barret），著有《迪克西使命：美军驻延安观察员小分队》（*Dixie Mission：The United States Army Observer Group in Yenan, 1944*, Berkeley：A Publication of the Center for Chinese Studies, University of California, 1970）。在这场论战中，库波克认为民主党政府的政策导致共产党在中国的胜利；谢伟思和包瑞特则认为国民党政府的腐败等因素是其在内战中失败的根本原因，而美国因为没有采纳美军驻延安观察员们的忠告，在中国失去了一个好机会。对于这个问题，普林斯顿大学的东亚研究系教授林克（Perry Link）则认为美国在中国没有失去任何机会，无论美国怎样做，都不能改变中国共产党的共产本质。[1] 邹谠、费思、切恩等则处在中间，但基于美国反共的政治趋向，他们基本上都是认为共产党是匪党，没有什么民意基础。1990 年，我在美国佛蒙特大学读书时也参加了这场论战。我的论文《联合政府与美国对中国内战的外交政策》（*Coalition Government and American Policy toward the Chinese Civil War*）英文版在佛蒙特大学的历史论坛上发表（Volume V, Issue 1, Spring 1993），中文版在《河北大学学报》社会科学版上发表。我认为，美国的战时和战后的对华政策基本是自相矛盾，出尔反尔，左手打右手。美国在中国的失败，是美国的傲慢与偏见的必然结果。中国的内战就是由于美国政府对蒋介石腐败政权一再迁就怂恿造成的。蒋介石政府知道自己离开美国的支持就没法在中国存在下去，但他

---

[1] Perry Link 在电影《革命中的中国》（*China in Revolution*）中的解说词。

们也很清楚美国朝野的反共倾向并充分地利用了这一点。以致美国政府无视自己驻延安的观察员发出的警告，把赌注全压在必败的国民党身上。美国政府给了蒋介石政府二十多亿美元的援助，这些所谓的援助都被蒋介石政府用来屠杀中国人民。在这种情况下，中国共产党为了生存，为了避免发生在1927年的被杀戮的命运，只好发动土地改革运动。土地改革运动并非不可避免的，如果蒋介石有一点历史责任感，有一点民主意识，他就会接受美国提出的，业已被共产党和其他中国政党接受的联合政府主张，那样的话，激烈的土改运动就不会发生，中国的命运就会是完全不同的。但蒋介石、国民党想继续其一党独裁，硬要消灭共产党。于是，共产党发动土地改革就是顺理成章的事情了。

　　土地改革运动把国、共两党的生死之争转化为成千上万的贫苦农民与少数地主老财的生死之争。这场农民与地主的生死之争不但改变了国、共两党的命运，也彻底改变了中国的命运，从某种意义上讲，也改变了世界历史的进程。不幸的是，许多美国的学界和政界，从来没有从中吸取应有的教训，仍在执行其出于傲慢与偏见而制定的外交政策。谈到这个时期的美国和西方的中国研究，不能不提一下陆席（Henry Luce）和他主导的中国国会游说活动（China Lobby）。陆席1898年出生在来华的一个传教士家庭，在中国生活到15岁才回美国念书，后来创办美国《时代》周刊、《生活》画报等著名世界的刊物，是美国政界一个举足轻重的人物。他与蒋介石夫妇关系密切，多次把蒋介石夫妇的照片作为年度人物登在《时代》和《生活》画报的封面上。他主导的国会游说动用大量的金钱，阻碍美国政府承认中华人民共和国的合法地位。根据一些美国学者估计，陆席几乎是单枪匹马地阻止了美国和中华人民共和国发展正常关系达十八年之久。① （陆席死于1967年）他之所以能做到这一点，是因为他控制着美国以及世界上最大的传媒王国和以他本人名字命名的基金。关于陆席和美国国会中国游说活动在美国政治和西方的中国研究中的巨大影响，科恩（Ross Koen）的《美国政治中的国会中国游说活动》（*The China Lobby in American Politics*, New York：Octagon Books, 1974），有很好的介绍。中国共产党在中国的胜利本是美军驻延安军事观察员早已预料到的，但是，由于美国式民主政治的特点，这个问题成了共和、民主两党互相攻讦的借口。同时，这也为美国和西方的东亚研究提供了史无前例的好机会。

美国政府，包括美国中央情报局和美国社会中无数的私人基金，为各个大学的东亚研究系的发展提供了大量的资金。那个时候的哈佛大学的东亚研究系，招收了许多的学生，几乎是来者不拒。一位东亚研究专业的教授告诉我，他就是当年路过哈佛，进去问了一下，便获得到哈佛东亚系读博士学位的全奖。费正清（John Fairbank）主持领导的哈佛东亚研究中心，在费死后改为费正清东亚研究中心，为美国各大学培养了研究中国的教授人才。费正清本人的著述并不多，他在美国的中国研究领域的泰斗地位，主要是他的学生名副其实地遍及天下，占据各个大学东亚研究专业的要津。费正清从事中国研究比较早，20世纪30年代到中国学习汉语和中国文化。在美国关于中国共产党为什么在中国胜利的论战中，他认为中国共产党的胜利与中国的历史文化传统有关，而外部的因素不是很重要。因此，他在麦卡锡时代曾受到

---

① 电影《革命中的中国》中的解说词。

调查。可能是这个缘故，他后来的著述比较谨慎。他的主要著作有《中国和美国》（The United States and China），是一部从历史文化角度对中美进行对比的学术著作。他的另外一些著作主要是东亚研究系的教材，一直到今天还被大多数大学低年级课程使用。美国中央情报局也参与了中国研究。比方说在英国出版的，非常有影响的《中国季刊》（China Quarterly）就是由美国中央情报局赞助发行的。孙德思（Francis Stoner Saunders）在其《文化冷战：中央情报局和文学艺术界》（The Cultural Cold War: The CIA and the World of Arts and Letters, New York: New Press, 2000）一书中指控，乔治·奥威尔（George Orwell），《动物农场》（Animal Farm）和《一九八四》（1984）的作者，是中央情报局的合作者，这个创造出在全世界几乎是家喻户晓的名词如"老大哥"（the big brother）、"极权政府"（the Totalitarian Government）、"人人平等但有些人更平等"（everybody is equal, but some are more equal）的作家，竟然是美国情报机构的合作者和向当局报告其他左翼作家行为的告密者。20世纪80年代中期，我同一些美国学者到中国农村进行学术考察，我们走后，中国的安全部门就对我们的访谈对象说这些学者是为美国中央情报局工作的。这些人是我很尊重的学者，回到美国后，我问他们这是不是真的。他们没有给我直接回答，反而问我："你看呢？"现在看来，美国中央情报局参与这样的活动是很自然很正常的，这就是政治。你有你的打法，我有我的打法。只是我们自己往往太幼稚、太天真，不懂政治，才对这种事情大惊小怪。

这个时期美国和西方的中国研究中的另一位作者是中国人大都知晓的韩丁（William Hinton）。他写的关于中国土改的书《翻身》真正是世界级的名著，被翻译成十四种外文，数次再版，总

美国和西方的中国研究简介

发行量七百余万册。至今，美国各大学的中国政治还将其列为必读书目。韩丁不算专业学者，但他却是美国人中少数真正了解中国政治，特别是中国农村的人。他步入中国研究纯属偶然。韩丁出生于一个进步家庭，他的妈妈是佛蒙特的 Putnam 新型学校的创建者。该校寓劳动、生活、学习于一体。韩丁从 Putnam 毕业后考入哈佛，但他想先周游世界后上大学，他妈妈在他答应第二年回来上哈佛后同意了。他登上了去日本的货船，靠打工养活自己，最后到了中国。在哈佛上了两年后，他转入康奈尔大学农业机械系。大学毕业后，他参加了联合国对中国的救济工作。联合国的工作完后，他随中国共产党的土改工作队进驻张庄，亲身经历了张庄的土改运动。在他的书里，张庄的张被拆开来改为长弓村。韩丁在张庄观察土改一年多，后来又多次回到中国和张庄，他在中国待的时间加在一起有七年之久。韩丁刚回到美国时，他关于中国土改运动的笔记，被美国海关没收，他和美国政府打了多年官司，才要回这些笔记，最终写成他的成名之作《翻身》。美国政府吊销他的护照，限制他出国旅行。他在美国找不到工作，只好经营自家的农场。尽管如此，他和他的家人与中国和张庄结下了不解之缘。他的妹妹韩春，妹夫阳早，也是韩丁在康奈尔大学的同学，受韩丁的影响，他们 40 年代来到中国，一直在中国定居。阳早和韩丁已先后去世，韩春仍住在北京。韩春和韩丁的子女都在中国长大，他们从事的工作和研究与中国有着紧密的联系。韩丁的女儿（Carma Hinton）的长弓公司制作的《天安门》和《八、九点钟的太阳》等纪录片，也成为美国和西方借以研究中国的力作。韩丁的其他著作还有《深翻》（Shen Fan），《大反转》（The Great Reversal）。韩丁在他的著作中对中国的土改运动、合化运动作了比较客观公正的跟踪与观察。他对中国人民在土改运动和合作化运动中取得的成绩给予了充分的肯定，也对其中的失误予以如实的揭露。韩丁对中国后来的农村改革非常不理解，对《人民日报》以他的名义发表支持农村改革的做法非常愤怒，曾发信质问。① 石约翰（John Shrecker）的《中国革命的历史透视》（*The Chinese Revolution in Historical Perspective*, New York: Greenwood Press, 1991）在美国的中国研究领域里也是一本很有特色的书。石约翰是费正清的学生，中国历史文化功底较深。他从中国的大同思想入手，研究各个时期的农民起义的诉求，认为中国共产党领导的革命，与中国历史各个时期中国人的主流诉求是一脉相承的。中国共产党能赢得民心，跟共产党的政策与中国的历史文化传统相吻合这一点有着重要关系。这也是中国共产党能够在中国成功的原因。在这一点上，我认为石约翰的观点很有独到之处。中国共产党的胜利，可能与中国的历史文化的关系，要比与马列主义的关系更大一些。该书已有中文译文。②

60年代中期到70年代末期的美国和西方的中国研究

这个时期正值中国的无产阶级"文化大革命"，在美国和西方则正是越战和学生的反战运动风起云涌的时期。美国和西方的学生运动是以反战、反传统、反当局为主要诉求的。有人认为，中国的"文化大革命"中的红卫兵运动促成和影响了美国和西方的学生运动。不管怎么说，美国和西方的学生运动至少在表面上看起来与中国的红卫兵运动有很多相似之处。自鸦片战争以来，

---

① 1994年和1998年，笔者两次采访过韩丁。
② 王国良翻译，东方出版社1998年版。

美国和西方的中国研究简介

中国和中国人一直是被美国和西方所鄙视的①，但中国的"文化大革命"时期，好像是一个有意思的例外。且不说美国和西方的学生运动是否在模仿中国的红卫兵运动，但西方学术界却实实在在地在研究毛泽东的思想，毛泽东的小红书成了西方人的抢手货。由于美国政府拒绝承认中华人民共和国，美国人不能到中国来旅游。尼克松访华后，美国人到中国来旅游的多了，他们见到了一个崭新的中国，一个没有毒品、没有娼妓、没有无家可归者、没有环境污染的中国，很少贪污腐败，干部参加劳动，工人参加管理，有很高水平的男女平等和社会平等，就连曾经反共的韩素音女士，来中国访问后，看到解放军官兵没有军衔的军装，也对"文化大革命"给中国社会带来的革命变化赞不绝口。在美国和西方的女权主义者眼里，中国已经达到了她们梦寐以求的境界；而在美国和西方的环保主义者眼里，中国人的简单生活方式，商店的商品没有包装，买酒、酱油和醋要自带瓶子，买面和米要自带口袋，连火柴都是散装的，这不正是他们所倡导的环保生活方式吗？于是在他们的笔下，中国成了世界和人类的希望。中国自力更生，不依靠外援，独立自主发展自己的国民经济，解决人民生活问题，中国的农业集体化，靠农民的两只手和小型机械修筑水利设施，在人民公社框架内办的合作医疗，赤脚医生，农村的教育革命，让农民自己管理学校，在中国的广大农村，包括山区牧区都普及了中小学教育，那些在发展中国家搞西方式现

---

① 我刚到美国时认识了一位美国律师。此人经常请我吃饭。愿意谈论《道德经》和老子。后来他送给我一本书，是他爷爷1905年到中国旅游的记录。该记录从加拿大与美国的边境开始，讲别国人可以自由出入美国，只有中国人得被迫脱掉衣服，站在一个牲口笼子里接受检查。他在日记说道：为什么中国人（他用的词是 Chinaman，而不是 Chinese）无论在哪里都让人鄙视？我看了他爷爷的日记后，对他说，你爷爷若知道你跟我一起吃饭，肯定在他的棺材里睡不安稳了。他显然没有看他爷爷的日记，便问我为什么。我这位美国朋友的日记，也算是美国的中国研究的一个小插曲吧。所以在这里顺便一提。

代化的专家们，在经历过无数挫折和失败后，看到中国取得的这些成绩，开始认为中国是第三世界国家的样板。① 由于毛泽东发表声明，支持美国黑人反对种族歧视的斗争，而且由于中国拿出六十多亿美元，无偿支援第三世界国家建设，在国际事务中，中国政府敢于为被压迫的弱小民族主持正义，在那些民权和人权主义者眼里，中国又是人权和民权的化身。在那个时代，美国可不是像今天这样，处处以民主和人权的卫士自居的。②

在这样的大气候下，美国的学术界对中国和中国的共产党政府的态度几乎一边倒。费尔德曼（Edward Friedman）的《后退到革命》（Backward toward Revolution: The Chinese Revolutionary Party, Berkeley: University of California Press, 1974），马自纳（Maurice Meisnrer）的《李大钊和中国马克思主义之发端》（Li Tachao and the Origins of Chinese Marxism, Cambridge: Harvard University Press, 1967）（Mao's China）(New York: The Free Press, 1979)，他们执教的威斯康辛大学，成为哈佛以外的又一个东亚研究的中心，培养出许多有左翼倾向的中国问题专家。费尔德曼布朗代斯大学毕业后入哈佛东亚研究系获硕士学位，后进哈佛政治系获博士学位。他是 60 年代激进的学生领袖之一，是占领哈佛校长办公楼的组织者之一，"文化大革命"中他也是受中国政府邀请访华的极少数美国教授之一。他早期的作品都是支持中国

---

① Suzzane Pepper,《激进主义与二十世纪中国教育改革》（Radicalism and Educational Reform in 20th Century China, Oxford: Cambridge Univeristy, 1996）。

② 在美国讲国际关系课，讲到国际大潮流的形成与作用时，我常问美国学生一个简单的问题：你们知道为什么美国黑人能得到平等权利吗？他们总是说因为马丁·路得·金斗争的结果。我说在他之前的美国黑人斗争得少吗？为什么单单在 60 年代，他们的斗争有了效果。我于是就给他们讲当年毛泽东的声明和包括我在内的中国人天天上街游行，借此来说明世界大潮流的形成和作用。实际上美国南方的民主党国会议员就是这样跟他们的选民讲的。如果不解决种族歧视的问题，就没有美国在国际舞台上的地位。

共产党的，他许多学生的研究课题也是支持中国共产党的，包括他的最得意门生之一戴瑞福（Ralph Thaxton）。戴瑞福的第一部学术著作《中国的公理战胜——农民社会的革命合法性》（*China Turned Rightside up：Revolutionary Legitimacy in the Peas Ant World*, New Haven：Yale University Press, 1983）。戴瑞福认为，中国共产党领导的农民革命，是官逼民反，是合法的。当时曾受到一些来自中国台湾的美国学者的攻击和诘难。相比之下，马自纳可能是美国更受尊重的中国研究学者。作为一个严谨的历史学家，他对中国和中国政府的评价基本上是基于对历史事件的全面考察，受个人感情影响较小，而且他前后如一，不像有些人那样前后判若两人。1996年，我曾在纽约的新学校和马自纳教授一起参加"文革"三十周年的学术研讨会，他对"文化大革命"的评价之严谨，给我留下很深的印象。在学术界的中国研究几乎是一面倒的情况下，比利时作家李可满（Pierre Rykmans），笔名西蒙雷（Simon Leys），曾哀叹他自己的身单力薄，以及自己对中国的批评得不到别人的回应。西蒙雷的作品包括《主席的新衣——毛和文化大革命》（*The Chairman's New Clothes：Mao and the Cultural Revolution*, 1971）、《中国的阴影》（*Chinese Shadows*, 1976）。据西蒙雷自己讲，他被要求用笔名出版他的《主席的新衣》一书。西蒙雷出生在比利时，在中国台湾学汉语，后居中国香港，于1970年移居澳大利亚。西蒙雷在别人对中国的"文化大革命"一片颂歌声中，坚持自己的见解，非常难能可贵。他说"文化大革命"没有任何新意，"文化大革命"中的好多做法，"大跃进"时已经尝试过，但是失败了。但他没有提出为什么这些所谓的革命化的措施在"大跃进"的年代失败了，而毛为什么还要在发动"文革"去推行这些措施。他说，中国农民仍然像驴子一样在水

从海外看中国

利工地上劳作,如果他们知道别的国家都用机器了会怎样想。他认为,当代中国人失去了辨别真假朋友的能力,说自己是中国人的真正朋友,而那些赞扬中国的人未必是中国人的朋友。作为当年曾在水利工地上劳作过的农民的一员,我想告诉西蒙雷,他实在不了解中国共产党领导下的中国农民,也不真正了解中国和中国的历史。当时的中国是很穷,在没有机器的情况下,需要从事很重的体力劳动。但那没有什么不好,我们在用双手改变我们的命运,同时也在那个过程中改变了我们自己。难道中国人应该什么都不干,等着机器来干?我倒觉得西蒙雷恐怕还有一点西方殖民者的优越感吧,特别是他说中国人失去辨别真正朋友的能力这一点。

"文化大革命"后的美国和西方的中国研究

"文化大革命"结束后,中国共产党和中国政府开始彻底否定"文化大革命",被定性为"十年浩劫"。中国政府破天荒地开始自曝其短,公布"文化大革命"中由武斗等造成的非自然死亡的人数等。此后,中国社会出现了大量的以所谓报告文学为形式的伤痕文学,揭露"文化大革命"中发生的人道和人权悲剧,如陈禹山的《一份血写的报告》和有关遇罗克等的报道。可以说,当年的伤痕文学成为中国共产党中央否定"文化大革命"后中国文坛上的主流。像张志新、遇罗克这样的冤假错案任何社会都可能发生,在美国也不少。[1]

但像中国这样从制度上大张旗鼓地揭露冤假错案,历史上罕

---

[1] 美国伊利诺伊州的一位律师和他的学生们考察了20位在押的死刑犯,发现其中12例是冤假错案。由于他们的发现和呼吁,伊利诺伊州的共和党的州长莱恩在他离职的最后一天,特赦了该州的160多名死刑犯。

见。而且，所谓的报告文学作为一个门类很有意思。它听起来好像是报告，该以事实为基础，但它又是文学，文学则完全不需要以事实为依据。报告文学中究竟哪些是"报告"，哪些是"文学"，"报告"什么时候结束，"文学"什么时候开始，没有人能说得清楚。可以说，"报告文学"本身就是改革开放年代的一个创举。当年的中国人还有把印刷的文字当成事实和真理的习惯。"报告文学"对中国人的思想所产生的影响怎么说都不过分。与此同时，中国开始对外改革开放。国家花费大量的资金选拔年轻学子送往国外深造，这些人把中国的伤痕文学也带到了国外。此后，美国和西方的中国研究就不再是美国和西方的一统天下了。如张戎写的《野天鹅》（*Wild Swans: Three Daughters of China*, New York: Simon & Schuster, 1991），长时间荣登西方世界最畅销书排行榜。张戎就是中国政府送往英国进修的大学老师，她拒绝中国政府要她按期回国的要求，与其老师结婚定居英国。还有梁恒和其美国妻子夏竹丽（Judith Shapiro）的《革命之子》（*Son of the Revolution*, New York: Vintage, 1984）、袁高的《自来红》（*Born Red: A Chronicle of the Cultural Revolution*, Stanford, California, Stanford University Press, 1987）。梁恒和夏竹丽的恋爱曾是当年的新闻热点，据说他们的结婚还是通过邓小平特许。梁恒出国后，除了发表了《革命之子》外，还在美国政府的赞助下，编辑了《知识分子》杂志。旨在对中国推行某些人所说的"和平演变"。梁恒夫妇在美国成了名人，80年代末回到中国还受到当时的国家领导人的接见。这些中国人写的关于中国的英文著作和中国政府对"文化大革命"的彻底否定，可以说是将了美国和西方那些唱"文革"赞歌的学者一军。现在中国政府的官员和学者告诉他们，他们都受了"四人帮"和当时中国政府的蒙蔽。① 这些人可以说到了无地自容的地步,他们说了共产党和毛泽东这么多年的好话,现在里外不是人。怎么办呢？巴黎大学东亚研究系主任、当代东亚研究教授车思瑙（Jean Chesneaux）在《澳大利亚中国问题学报》上著文对自己进行了深刻的反思。他说："十五年,二十年后,再来回顾这段（与中国的）荒唐的,多情的（恋爱）闹剧,我们,包括我自己,应该怎样面对自己。这场闹剧是天真、无知、傲慢与偏见的结晶,毫无可取之处。应该受到谴责,我们应该感到后悔。我们显然缺乏学术上的严谨,严肃和良知。"②美国最受尊重的瓦尔德（Andrew Walder）教授著文说："我们这些过去曾对毛和'文化大革命'理想化过的人,当然不仅限于我们,对毛和'文化大革命'的看法,发生了巨大的变化。没有人再把毛泽东思想当回事。大多数人坚信'文化大革命'是人类的灾难,甚至是历史罪恶,跟希特勒的大屠杀,斯大林的大清洗差不多。"③费尔德曼则认为伤痕文学"非常清楚地说明毛推行的原教旨的共产主义把中国引向一条血腥的、灾难的道路"④。可以说,中国政府关于彻底否定无产阶级"文化大革命"的决定和此后中国人用英文写的关于中国的著作,对美国和西方的中国研究产生了巨大的影响。从某种意义上讲,彻底改变了美国和西方中国研究的潮流。现在我仍在想,如果当年不那样彻底否定"文化大革命",而是将之一分为二,是不是更恰当一些,更符合

---

① Suzanne Perry 在她的《激进主义与二十世纪中国教育改革》一书里谈到这种有趣的现象。
② Jean Chesneaux, "My Forty Years of Chinese History", *The Australian Journal of Chinese Affairs*, No. 22, July 1989, 137.
③ Andrew Walder, "Actually Existing Maoism", *The Australian Journal of Chinese Affairs*, No. 19, July 1988, 155.
④ Edward Friedman, "The Flaws and Failures of Mao Zedong's Communist Fundamentalism", *The Australian Journal of Chinese Affairs*, No. 18, July 1987, 148.

历史一些，对中国在国际上的地位会更好些。这个问题值得商榷。

1989年后美国和西方的中国研究

如果说中国政府关于彻底否定"文化大革命"和此后的伤痕文学让相当一部分美国和西方的中国学者改变了他们对中国的无产阶级"文化大革命"和毛泽东思想所代表的价值取向的好感。那么1989年的动乱，则让美国和西方更广大的社会层面的人对中国政府产生了偏见。这种偏见又反过来进一步影响了学者们对中国研究的取向。与此同时，一大批异议人士逃亡海外，如刘宾雁、王若望、严家其、李锐、郑一等比较有影响的文化学术界的人士跑到美国。柴玲、李录、王丹、吾尔凯希等"学运"头头陆续来到美国。他们当中一些人到了美国后得到美国政府包括美国中央情报局的赞助，成为美国社会中一股非常可观的反华势力。[①]当然，他们总是强调他们反对的是毛的国、中国共产党的国，而不是中国。我曾著文质问过他们，你们怎样把毛的中国和中国共产党的中国与你们自己的"中国"分开？可能吗？你们口口声声爱中国，可惜你的那个"中国"并不存在。"六四"以后，受中国人的影响，美国人和西方的中国研究的主要倾向，好像就是要证明毛泽东和中国共产党在中国失败了，在这种学术氛围中，"大跃进"及其后的生活困难成了一个时髦的课题。陈一咨在

[①] 刘宾雁在一次记者访谈中透露，他们（从中国逃亡出来的二十几个人）被普林斯顿大学收留，一个不知名的好心人捐了一百万美元，所以大家每两个星期聚一聚，领领津贴。他不会不知道那个不知名的好心人就是中央情报局。刘宾雁和王若望在美国的堕落，让有良知的人大开眼界。刘宾雁著文说，1949年10月1日，中华人民共和国成立那天，他感到一种莫名的惆怅。当初还不知道是什么原因，后来才知道那时因为从那一天后中国人失去了自由。王若望则说他坐过国民党和共产党的监狱。国民党的监狱，就像读了四年大学，而共产党的监狱则是真正的地狱。

《华盛顿邮报》上发文，题目就是《毛的罪恶》①，说毛泽东统治下中国造成四千万人死亡。李锐在哈佛的一份书面报告中则把死亡数字提高到八千万，真是语不惊人死不休。② 英国记者贝克的《饿鬼》则把中国的"大跃进"描写得饿殍遍野。③ 特别值得一提的是毛泽东的私人医生李志绥回忆录的出版，并成为畅销书的闹剧。④ 李志绥的两个儿子李大重、李二重早已在美国，李志绥本人早就想出国，便想让哥伦比亚大学邀请他做访问学者。他以曾做过毛泽东的保健医生的身份，给哥伦比亚大学写了一封信被拒绝了。后来，写过《中国的危机》一书的，在哥大教中国政治的教授黎安友（Andrew Nathan）参与该书的筹划，牵头让李志绥与蓝登签订了出版合同，李志绥拿到五十万美元的稿酬，蓝登则保留了修改权。李志绥很可能从来没有想到美国出版社会把修改权搞成"翻译权"。于是李志绥的书的封面上就出现了千古笑话，一本用汉语写的书，居然出了英文和汉语的两种语言译者。黎安友在给该书的序言里，更是发挥了极大的想象力，例如，他说各地党政机关给毛泽东选择美女，像一道道菜一样献给毛，好让毛泽东采阴补阳，毛在大被子下面跟数个女人性交，以及毛还跟他的男卫士搞同性恋等。⑤ 李志绥可能更没有想到，他的书会招来一批在美国的中国人的愤怒和质问。尽管中国政府对李志绥的书保持沉默，但有二十三个在美东地区的中国人，签名发表书面声明并举办记者招待会，质问李志绥和其背后的操纵者。⑥ 李

---

① Chen Yizi, " Maoist Crimes", *Washington Post*, July 17, 1994.
② 李锐在哈佛燕京图书馆纪念毛泽东诞辰一百一十周年研讨会上的书面发言。
③ Jasper Becker：《饿鬼》（*Hungry Ghosts：Mao's Secret Famine*, Henry Hold and Company, 1998）。
④ 李志绥：《毛泽东私人医生回忆录》（纽约：蓝登出版社1995年版）。
⑤ 参见黎安友给李志绥书的序。
⑥ 本章笔者是声明的签字者之一。

志绥被迫在后来的记者招待会上宣布，他从来没有见过毛跟任何女人单独在一起。李志绥不久在芝加哥其二儿子的家中脑溢血死亡，让许多准备到他家门前去抗议的中国人感到有些莫名的遗憾。

许多美国和西方的中国学者，因为中国政府在毛泽东问题上的暧昧，和许多中国人的著作中的反毛倾向，而有点忘乎所以。费尔德曼在亚洲学会在芝加哥举行的一次论文讨论会上担任主席，他在论文宣读前的开场词里讲，中国是"极权国家"。而在会上宣读的三篇论文，一篇关于中国农民如何能够成功地对抗一胎化政策，一篇关于中国农民如何在"文化大革命"中砍伐集体的树木，第三篇谈的是中国的水库移民如何成功地把政府官员的车子截住，向他们申诉修水库给他们造成的生活困难。论文宣读完了后，我举手发言问费尔德曼，你说中国是极权国家，而这三篇论文都证明中国不是极权国家，而且正好相反。你对此如何解释？他居然抵赖说他没有说。观众中马上有人站出来说，听到他如此说的不是一个人，他居然说他不在乎别人听到了什么。费尔德曼的学生戴瑞福在一次演讲中竟说，毛泽东时代的中国是一座保安措施最高等级的监狱，而今天的中国则是最低保安措施的监狱。对此我向他提出强烈抗议。我说，在美国生活的人，天天都得跟警察打交道，马路上到处是警察。美国联邦、州和地方政府雇用大量的警察，而且其警察全副武装，美国人每天总要见到几次警车。我在伊利诺一个州立大学教书的时候，往往一天要见到警车五六次，其中包括州警察、县警察、市警察和大学里自己的警察[①]，而且都是全副

[①] 在美国县比市大。

武装。我问他，在中国的时候见到几次警察，而且见到过全副武装的警察没有？他对我的质问几乎是不予理睬。美国有这样的中国问题专家，就难怪美国中央情报局关于中国的报告，百分之九十是错的了。相比之下，澳大利亚学者杜顿（Michael Dutton）的书《中国政治治安》要更客观一些。①杜顿认为，你如果非要说中国是警察国家，那么中国是个没有警察的警察国家。我感到澳大利亚学者对中国的研究要更深入一些。有些美国人受那些所谓的"民运"分子、"法轮功"信徒和反共的知识精英的误导，往往忽视了中国底层大众的情况。美国学者中比较了解中国的是那些肯到基层，到农村去亲自考察，又愿意放弃西方偏见的人，如席保德（Peter Seybolt）、② 欧布瑞恩（Kevin Obrien）等。③

结　语

中国和美国都是世界大国，对人类的未来和世界的前途发挥着极大的影响。美国和西方的中国研究，对美国和西方的人民，特别是年轻学子，了解、认识中国有着重要的影响。我经常对我的美国学生讲，美国和中国有足够的理由成为朋友，也有足够的理由成为敌人，就看中、美两国的精英如何引导自己的人民。希望美国的学术精英们，在美国到世界各地推行其所谓"民主"碰得头破血流之后，好好反思一下。不要以为美国

---

① Michael Dutton, *Policing Chinese Politics: A History* (Asia-Pacific: Culture, Politics, Society), Durham, N. C.: Duke University Press, 2005.

② Peter Seybolt,《敢把皇帝拉下马》(*Throwing the Emperor from His Horse, Portrait of a Village Leader in China, 1923—1995*) (New York: Westview, 1995).

③ Kevin Obrien, *Rightful Resistance in Rural China*, New York: Cambridge University Press, 2006.

是超级大国，就有权对别国，包括中国，指手画脚。世界上不存在所谓的普世价值，任何制度和价值都有其时间和空间的局限。如果大家能够互相学习，取长补短，我们会有一个更好的未来。

（本文原载《政治学》，中国人民大学出版社2007年版）